# 策略

## 如何在复杂世界和
## 社会里成为高手

文德 / 著

天津出版传媒集团
天津科学技术出版社

图书在版编目（CIP）数据

策略：如何在复杂世界和社会里成为高手 / 文德著. -- 天津：天津科学技术出版社，2024.4
ISBN 978-7-5742-1905-2

Ⅰ.①策… Ⅱ.①文… Ⅲ.①人际关系学—通俗读物 Ⅳ.①C912.11-49

中国国家版本馆 CIP 数据核字（2024）第 065188 号

策略：如何在复杂世界和社会里成为高手
CELUE RUHE ZAI FUZA SHIJIE HE SHEHUI LI CHENGWEI GAOSHOU

策划编辑：杨　譞
责任编辑：杨　譞
责任印制：兰　毅

| 出　版： | 天津出版传媒集团 |
|---|---|
| | 天津科学技术出版社 |
| 地　址： | 天津市西康路 35 号 |
| 邮　编： | 300051 |
| 电　话： | （022）23332490 |
| 网　址： | www.tjkjcbs.com.cn |
| 发　行： | 新华书店经销 |
| 印　刷： | 德富泰（唐山）印务有限公司 |

开本 880×1230　1/32　印张 6.75　字数 160 000
2024 年 4 月第 1 版第 1 次印刷
定价：38.00 元

# 前言

PREFACE

　　现实生活中,有的人潇洒从容,谈笑风生间诸多问题就得以迎刃而解;有的人忙忙碌碌,到头来却还是一事无成,落寞失意。事实证明,在复杂的世界和社会里,仅靠着一副好心肠已很难应对现实的挑战。接连不断的困顿和坎坷,都在告诉你一个不争的事实——只靠着一股蛮劲横冲直撞,是抵达成功的最远路途,在社会交往中懂得策略才是做人做事的最大资本。策略不是"放冷箭""耍阴招",而是使环境对自己更加有利的计策谋略,令事业更上一层楼的巧言妙语。在处理各种事情的时候,懂得用策略来做润滑剂,困难的事情往往就会变得简单起来。有策略的人,做什么都水到渠成;相反,如果不懂策略,不知刚柔相济,不知藏巧于拙,就会处处碰壁,庸碌一生。我们要想在这个复杂的社会保护自己,发展自己,就一定要懂策略。

　　聪明的人之所以聪明,成功的人之所以成功,就是因为他们比一般人多了一些策略。有策略的人会时刻注意辨人识人，营造和谐的人际关系网，知道何为"难得糊涂"，懂得进退有度，因而能在各种人生场景中游刃有余。如果你不懂为人处世的策略，不知外拙内精、巧装糊涂；不知善于吃亏、丢卒保车；不知以柔克刚、滴水石穿；不知与上级、同事、下属、朋友、爱人、家人的相处之道，就难免处处碰壁，使人生陷入庸碌无为的困局。掌握策略，可以增强自身的竞争力和适应力，为我们的人生创造更多的可能和精彩。

策略不是一个人天生就会的，它需要后天的学习和练习。本书对策略模式进行了细致的剖析，帮助大众在这个复杂的世界里赢得未来。书中立足现实，取材于我们熟悉的生活，从人际、商场、职场、爱情、管理等方面讲述了应该具备的策略，相信每一位读者都能够从本书中找到适合自己的为人处世的策略。只要你真正领会了策略的奥妙，你就能将人生的主动权牢牢握在手中，人生之路就会越走越通畅顺达。

# 目录

CONTENTS

## 第一章　如何做出人生的最佳选择
### ——走哪条路才最顺遂

"酒吧博弈"告诉我们什么 ..................... 2
把握混沌世界里的临界点 ..................... 5
做"大多数"是不可能杰出的 ..................... 8
知己知彼，百战不殆 ..................... 11
推倒多米诺骨牌只需轻轻一碰 ..................... 15
选择与放弃：品味智慧人生 ..................... 18
让开那架独木桥 ..................... 20

## 第二章　共赢中求生存
### ——单赢不是赢，多赢才算赢

"零和博弈"和"负和博弈"无法使双方都受益 ..... 24
"正和博弈"："双赢"才是皆大欢喜 ..................... 27

参与"零和博弈"与"负和博弈"的，没有赢家...31
为什么要从"红海"游到"蓝海"......................34
"强强联合"是"双赢"的最好选择 ....................37
适度回击，是为了不受更多欺负......................40

## 第三章 别让"逆向选择"淘汰了你
### ——最优秀者并不总是最走运

"逆向选择"是匪夷所思的博弈吗......................46
怕什么偏偏就来什么................................48
不要做有才华的"穷人".............................50
招聘中不宜太高调，小心被"逆向选择"淘汰 .....54
老板裁员与减薪的逆向权衡.........................57
如何避免"逆向选择"..............................60

## 第四章 弱者如何四两拨千斤
### ——强者未必是最后的赢家

"马太效应"与"赢家通吃"...........................66
初始者不争输赢，只为成长..........................69
先认清时局，再扭转局面............................71
想咸鱼翻身，归根结底需要自身强大起来 ..........74

## 第五章　信息迷局的交锋
　　——信息、创意、执行力一个都不能少

信息决定博弈结果.................................78
为什么劣币驱逐良币.............................79
有时信息就是成功本身.........................82
抓小信息发大财.....................................86
市场选择如何"搭便车".........................89
价格大战，谁是最后胜出者.................90

## 第六章　谈判的妥协与折中之道
　　——让步最后也可能赢全局

为什么"和事佬"能签下单......................96
谈判里的"斗鸡博弈"..............................97
把对手变成朋友...................................101
让对方感觉自己胜券在握...................104
学会见好就收.......................................106
商务谈判的说话要诀...........................108
不要把谈判逼到死角...........................111
谈判中讨价还价的博弈策略...............115
"胆小鬼策略"和"让步之道"...............118
关注长远关系，别为小利撕破脸.......121

## 第七章　勇做先锋还是巧妙跟风
　　　　——大猪与小猪的生存哲学

搭便车的小猪 .................................................. 126
聪明人的成功经验 .............................................. 129
等待比进攻更有效 .............................................. 132
为什么有人主动做"大猪" ....................................... 135
巧借外力是成功者的共性 ........................................ 136
不该出手时绝不要出手 .......................................... 141
有时候什么都不做比做什么要好 .................................. 143
枪打出头鸟，是不是就不能出头了 ................................ 146

## 第八章　共赢是合作的底层逻辑
　　　　——拿什么拴住你，我的伙伴

诚信赢天下 .................................................... 152
猎人博弈中的妙术 .............................................. 155
猎鹿博弈：帕累托共赢的智慧 .................................... 158
复杂职场中也可以追求"共赢" ................................... 160
信任有时也是一种冒险 .......................................... 167
任何怀疑都可能导致合作破裂 .................................... 169
没有惩罚的契约没有约束效力 .................................... 171

## 第九章　管人要共情，带人要共频
### ——用脑去管理，你会事半功倍

为什么"鲇鱼效应"能给公司带来效益 ............... 176
管理者的预期决定博弈结果 ........................ 181
企业要有好的内部激励机制 ........................ 187
绩效考核中的微妙博弈 ............................ 191
激励背后是信用博弈 .............................. 194
老板用人不妨"分槽喂马" ......................... 198
把握好奖惩与许诺的"度" ......................... 201

# 第一章

DIYIZHANG

## 如何做出人生的最佳选择
## ——走哪条路才最顺遂

## "酒吧博弈"告诉我们什么

"酒吧博弈"反映的是一种众多不同特征参与者共同进行一场动态博弈，难于做出理想决策的现象。根据"少数人博弈"理论，能够发现大多数博弈者的想法和决策特征，也许对做出更好的决策有所帮助。

"酒吧博弈"是由美国著名的经济学专家布莱恩·阿瑟教授于1994年提出的，来源于一家真实存在的名为爱尔法鲁的酒吧。其理论模型是这样的：

每周末，爱尔法鲁酒吧主打爱尔兰音乐时就会出现大爆满。当然，如果太拥挤的话，也会破坏气氛，那么许多人就宁可待在家里了。但问题是，所有人都有类似的想法。假如有100个人很喜欢泡酒吧，这些人在每个周末都要决定是去酒吧活动还是待在家里休息。酒吧的容量是有限的，也就是说座位是有限的。如果去的人多了，人们会感到不舒服。此时，他们感觉待在家中比去酒吧更舒服。假定酒吧的容量是60人，如果某人预测去酒吧的人数超过60人，他的决定是不去，反之则去。这100人如何做出去还是不去的决定呢？

阿瑟的解决方式如下：如果爱尔法鲁晚上顾客不超过60人，每个人都会玩得很尽兴。反之，要是超过60人，将没有人感到开心。于是，人们只有在估计酒吧客人不超过60人的情况下才会去，否则便待在家里。那么，周末晚上人们到底该怎么估计呢？阿瑟先确定，这没法用数学方式解决，因为不同的人会有不同的策略。有些人就只简单假设，本周末的客人数目大概和上周末晚上差不多；有些人则回想上次他们去那儿时，酒吧里大约有多少人；有些人则采用平均法，求出前几个周末的平均客人数。另外还有些人则猜测，本周人数会与上周相反（也就是说，如果上周客人少，本周客人就会多）。

这个博弈的前提条件做了如下限制：每一个参与者知道的信息只是以前去酒吧的人数，因此，他们只能根据以前的历史数据归纳出此次行动的策略，没有其他的信息可以参考，他们之间更没有信息交流。这就是著名的"酒吧博弈"。

"酒吧博弈"的每个参与者，都面临着这样一个困惑：如果许多人预测去的人数超过60人而决定不去，那么酒吧的人数会很少，这时候做出的这些预测就错了。反过来，如果有很大一部分人预测去的人数少于60人，他们因而去了酒吧，则去的人会很多，此时他们的预测也错了。因而一个人能够做出正确预测的前提是，他能知道其他人如何做出预测。总的看来，在这个问题中每个人预测时的信息来源都是一样的，即过去的历史。不过，他们分析信息的方法不一样，他们所依据的信息片段不一样，最终导致他们做出的决策也不一样。

生活中有很多例子与"酒吧博弈"的道理是相通的。"股票买卖""交通拥挤"等问题都是这个模型的延伸。对这一类问题一般称之为"少数人博弈"。

例如，在股票市场上，每个股民都在猜测其他股民的行为而努力与大多数股民不同。如果多数股民处于卖股票的位置，而你处于买的位置，股票价格低，你就是赢家；而当你处于少数的卖股票的位置，多数人想买股票，那么你持有的股票价格将上涨，你将获利。在实际生活中，股民采取的策略是多种多样的，他们完全根据以往的经验归纳做出自己的决策。但在这种情况下，股市博弈也可以用"少数人博弈"来解释。

"少数人博弈"中还有一个特殊的结论，即：记忆长度最长的人未必一定具有优势。因为，如果确实有这样的方法的话，在股票市场上，人们利用计算机存储大量的股票的历史数据就肯定能够赚到钱了。而这样一来，人们将争抢着去购买存储量大、速度快的计算机了，在实际中人们还没有发现这是一个炒股必赢的方法。"少数人博弈"还可以应用于城市交通。现代城市越来越大，道路越来越多、越来越宽，但交通却越来越拥堵。在这种情况下，司机选择行车路线就变成了一个复杂的"少数人博弈"问题。在这个过程中，司机的经验和司机个人的性格起着重要作用。有的司机因有更多的经验而能躲开塞车的路段；有的司机经验不足，往往不能有效避开高峰路段；有的司机喜欢冒险，宁愿选择较堵但距离短的路线；而有的司机因为保守宁愿选择较少堵车的较远的路线；等等。最终，不同特点、不同经验的司机的道路选择，决定了道路的拥堵程度。

"酒吧博弈"所反映的社会现象，正像阿瑟教授说的那样，我们在许多行动中，要猜测别人的行动，然而我们没有更多的关于他人的信息，我们只有通过分析过去的历史来预测未来。如果能从中发现大多数人的预测和决策特征，或许能做出更接近理想的决策。

## 把握混沌世界里的临界点

量变引起质变，质变是量变积累的结果，当量变积累到一定程度，质变就会发生。对于我们的努力来说，量变质变的道理告诉我们要坚持向自己的目标努力积累。俗话说："行百里路半九十。"在最困难、最难坚持的时候，往往就是最接近质变、最接近成功的时候。

自然界万物，都有一个由一种状态转变为另一种状态的"临界点"。如水加热至100℃便会沸腾，变为开水（气压低的高原地区除外）；固体铁，遇1535℃以上高温就会熔化成铁水。人类社会与自然界万物，虽不能一丝不差地契合，但道理相通，许多情况实际上也有一种"临界点""临界线"。我们要适时地把握住这些"临界点"，坚持自己努力的方向，最终达到成功。

在生活中很多人都有过这样的经历：当你去爬山，爬了一段的时候，会感到筋疲力尽，再也不想往上爬了，但只要咬紧牙关坚持下去，过一会儿你就会感到全身开始舒服起来，爬山的乐趣油然而生。在你咬紧牙关的那一刻，就是你做一件事情的"临界点"。如果你能坚持下去，就会挺过"临界点"，进入一种新的境界，不再害怕接下来面对的更长、更困难的挑战，而且还能在迎接挑战的过程中感到身心愉悦，获得一份成就感和一份自信。

在学习中，我们也会遇到临界点。比如，背诵英语单词。很多人在刚开始背单词的时候发现并不难，一天能背几十个甚至上百个，但过了一段时间就会发现，原来背过的单词很多都已忘记，于是产生了强烈的挫折感。新的单词越来越多，不断重复地背单词便成了一件痛苦的事情，直到最后终于放弃了背单词的努力，前功尽弃。其实在这个时候，只要再坚持一下，越来越多的单词就会被牢牢记住，你也会逐渐摸索出一套适合自己的记忆方法，因此你背单词的速度也会越来越快，背单词也就成了一种乐趣。你也就闯过了背单词的"临界点"。

在工作中要想取得成功，也需要我们有闯过"临界点"的勇气和坚持到底的毅力。

有一个故事，讲的是有一个人到处寻找金矿，他在自己的那块土地上挖了个遍，结果一无所获，最后只能绝望地卖掉了土地。而买他土地的那个人，只在他挖的土地的基础上挖了几下，就挖出了金矿。想必事后，这个人一定会为自己卖掉土地而懊悔不已。"行百里者半九十"，"九十"就是"临界点"。倘若自己能闯过这个"临界点"，再坚持一下，结果就完全不同了。

人生中，有很多事情通常很容易开始，但往往很难有圆满的结局。因为圆满意味着必须走完全程，意味着必须经历千难万险，意味着在到达"临界点"的时候必须咬紧牙关拖着疲惫的双腿向前奔跑。但是只要你能跨越这个"临界点"，只要你能忍受黎明前那最黑暗的一刻，太阳就一定会带着满天灿烂的朝霞为向着东方奔跑的你升起。

事物都有一个度，也叫"临界点"。一旦事物突破了"度"或超越了"临界点"，就会发生质变。"物极必反"即谓此。生活中我们常说的"掌握火候""注意分寸""留有余地""有所节制"，说的就是要把握好人生的临界点。大凡一个有作为的人，一定是有能力、有魄力者。而这种能力、魄力又是一柄"双刃剑"，如果不注意把握限度，就会伤了自己，事与愿违。魄力与专横，自信与自负，沉着与寡断，坚韧与固执之间并没有不可逾越的鸿沟。

在历史的长河中，人生是短暂的。但它始终处于发展变化之中，好与坏、成与败、善与恶、荣与辱、顺与逆都有个"临界点"，如何把握这些"临界点"，是对我们人生的一个严峻考验。

倘若我们既魄力宏大而又虚怀若谷,那么就一定能在工作中获得更大成功。高尚与卑鄙、伟大与渺小、英雄与懦夫、留名千古与遗臭万年,其形成往往也在一瞬之间。不清楚人生变化的"临界点",不会在"临界点"内把握自己,结果就可能带来遗憾与悔恨。上苍总是把那些对立的东西黏合在一起来锻炼人的德行与智慧。那些在人生道路上取得辉煌成就的人,无不具有清醒的自我意识,善于抑制自己的欲望,永葆事业的青春。而那些在人生达到巅峰之后又跌入低谷的人,其失败的原因并非能力所致,往往是无度的欲望为其挖掘了"陷阱"。有道是"欲生于无度,邪生于无禁"。一个理智的人,必然生活在适度的环境中。因此,我们在诱惑、利害和得失面前切不可放纵,应该在生活实践中善于把握事物发展变化的"临界点"。

## 做"大多数"是不可能杰出的

当机会被 70% 的人掌握时,它已不再是机会了。做到杰出,就要敢于和善于做开辟蓝海的"极少数"。

玩过股票的人都知道,当大家都在追涨时,你如果跟着追,那么股市中血本无归的失败者中肯定少不了你。生活中有这样一句话,"第一个把姑娘说成花的人是天才,第二个夸姑娘长得比花还漂亮的人是聪明人,第三个跟着称赞姑娘美得像花的人是愚蠢的"。下面从职场和投资两个方面来谈谈这个话题。

没有人愿意成为失败者，因此人们总是竭力避免讲别人讲过的话，做别人做过的事。遗憾的是，职场上有相当部分求职者出于急于求成的心理，也许是因为一些用人企业总爱给求职者"下套"，他们在不知不觉中就变成了"失败者"。

有家公司招管理人员，给出的题目是：用发给的一支气压计，测出一幢20层大楼的高度。一时间，应聘者们绞尽脑汁苦想种种办法，有的楼上楼下跑来跑去量气压，利用物理知识烦琐地计算；有的爬上屋顶，将气压计系上长长的绳子，一次又一次忙乱地测量；有的则到资料堆中埋头翻阅，希望找到一个更好的方法或公式……有个人却拿着气压计来到大楼管理处，对一位老者说："大爷，这支气压计送给您，请您告诉我这栋大楼的高度。"结果这位没花什么力气的聪明人入选了。

同样的考题，同样的条件，为何聪明人只有一个？其实，聪明人之所以聪明，就在于他用与众不同的方法解决问题。回过头来看，此人解决问题的方法其实非常简单，可在谜底揭开之前，又有几个人能想到呢？

有人说跟着大家走不易犯错误，可对于求职这样一件不要"大家"只要"个别"的事来说，它所导致的结果可能正好相反。如果你选择了和"大家"一样，你就只能是失败的"大家"中的一分子，而不是那个成功的"个别"。成功就是这么简单，不做大家都在做的事，你才能成功地做好每一件事。

"如果总是做显而易见或大家都在做的事，你就赚不到钱。""对于理性投资，精神态度比技巧更重要。"这是格雷厄姆在《聪明投资者》一书中开篇说的两句话。这两句话是对当代投资出现的一些新现象的精辟的注解：第一句话说明，我们生活在中国的环境中是多么幸福的事，如果大家都采用价值投资方法投资股市，那就都赚不到钱了。现实情况是，在欧美普遍接受了价值投资理论以后，市场上已很难找到被低估的股票了。第二句话说明，格雷厄姆的投资方法非常简单，但知易行难，即使你掌握了方法技巧，但没修炼成价值投资的精神态度，你一样赚不到钱。

罗杰斯是投资界的传奇人物，国际著名投资大师，巴菲特评价其"对市场大趋势的把握无人能及"。罗杰斯曾说，假如每个人都嘲笑你的想法，这就是你可能成功的预兆！罗杰斯还说，假如周遭的人都劝你不要做某件事，甚至嘲笑你根本不该去做，你就可以把这件事当作可能成功的指标。这个道理非常重要，你一定要了解：与众人反向而行是需要勇气的。事实是，这世界上从不曾有哪个人是只靠"从众"而成功的。

做大多数人都看不懂的事情，做大多数人不愿意做的事情，做大多数人都觉得不可能的事情。因为等到大多数人都看懂了，大多数人都愿意去做了，大多数人都觉得可以做的时候，也许机会就不属于你了，那也就不是机会了！

## 知己知彼，百战不殆

"知己知彼，百战不殆。"猜透了别人的心思，别人的行动也在你的预测之中，从而也就掌握了竞争的主动权。那么在竞争中赢得胜利，脱颖而出也是水到渠成的事。

商场如战场，在没有硝烟的商战中，面对激烈的竞争，谁主沉浮？企业如何才能在优胜劣汰的竞争中如鱼得水呢？最重要的一点，就是要"知己知彼"。何谓"己"，何谓"彼"呢？从商业经营管理的角度来说，所谓"己"，主要是指经营者自身所属的各种因素，这些因素是全方位的，它们涵盖了经营管理者自身的每一个环节。所谓"彼"，从广义的角度来说，所有的外在条件都属于"彼"的范畴。而从狭义的角度来说，"彼"又可以特指经营管理的对象——即已有的客户和目标消费者。

对于每一位有志于从事商业经营活动或者正在从事商业经营活动的人来说，当你涉足某一行业的时候，首先应当事先调查同行的情况，了解这一行业的现状及发展前景，这是日后掌握时机取得成功的关键之一。了解同行，就可以得到市场上的各种信息，熟悉同行的盈亏，正确地把脉市场，看到自己经营的前途。其次应当明白这一点：消费者就是我们的衣食父母，应当细致深入地去分析研究、透彻了解、准确把握他们的各种情况，真正做到知己知彼。

那么，怎样才能有效地实施"知己知彼"的策略呢？

具体运作的手法有很多，不同的商家有不同的运作手法。其中最为常用、最为重要、最为有效的方法之一，便是认真细致做好市场调研工作，掌握消费者的第一手资料，把它作为经营决策的依据。国外许多有名的大公司在这方面做得非常到位，很值得我们好好借鉴。为了在经营管理上真正做到"知己知彼"，国外的某些公司对消费者有关情况的了解，竟然超过了母亲对儿女的了解。而且，有的甚至是连消费者本人都不甚了解或者从来没有了解过的东西或事情，他们却了解得一清二楚！

美国《华尔街日报》有一篇文章这样写道：

"妈妈知道你往水杯里放了多少块冰块吗？"

可是，可口可乐公司却知道！

这篇文章说的是：可口可乐公司经过深入细致的调查后发现，人们在每杯水中平均放 3.2 块冰块，每人平均每年看到该公司的 69 条广告。又例如，麦当劳公司通过市场调查，准确地知道，在某个国家，每人每年平均吃掉 156 个汉堡包，95 个热狗。而汉宝公司更是妙绝，它曾经秘密地调查过，消费者在使用卫生纸时是叠起来用还是折起来用，连各自的比例是多少都有记录。

在美国，有 73% 的企业都有非常正规的市场调研部门，专门负责对产品的调查、预测和咨询工作，并且在每一个产品进入新市场时都进行专门的市场调查，及时了解消费者的使用情况。

很显然，深入细致的市场调查是"知己知彼"的重要手段，是做出正确的经营决策的主要依据，假如不进行深入细致的市场调查，决策者又怎么能够做到"知己知彼"呢？又怎么能正确无误地做出决策呢？

这个道理似乎人人都十分明白，但是，在经营管理的实际操作中，真正能够做到知己知彼的人又有几个呢？

在一次主办国为南非的国际展会上，某家用电器公司想当然地认为南非既然是非洲国家，一定会很热，所以只带去了冷风空调器，哪知到了南非后，才发现那里冬天的天气也很冷，后悔没有带冷热两用空调器来。还有的企业更加离谱，带去的参展产品竟然是甘蔗大砍刀，而南非根本就不种植甘蔗！类似这样可笑的"知己"不"知彼"的例子实在太多了。

下面我们再来看一个反面的例子：

大白鲨酒楼是以经营广东粤菜、打边炉、蛇餐等为主要特色的酒楼，位于北京北二环路和新街口交叉路口，背靠商业区，又面临交通顺畅的二环路，地理位置相当不错。走进大白鲨酒楼，你可以看到它西边风景秀丽的什刹海。坐在一层楼的餐桌前，可以欣赏到窗外什刹海波光粼粼的水面。清风吹来，感觉甚为惬意。真是一个品尝美食的好地方。

然而，就是这样一个地理位置优越、环境舒适典雅的餐厅，开业以来，一直人气不旺，每到吃饭时间，上座率还不到30%。这是为什么呢？深入研究它的问题，不难发现，经营惨淡的原因就在于它既不"知己"也不"知彼"。

首先是不"知己"。酒楼内部的格局设计得并不是很实用，也不尽合理。比如，每一层都是小餐桌，最多只能容纳四个人同时就餐，没有大圆桌，这样对多人就餐十分不便。而且桌子的布置过于密集，给人一种非常局促的感觉。在经营项目上，打边炉和蛇餐不符合大多数北方人的口味。

其次，存在着明显的不"知彼"。不了解食客的偏好和需求。北京的食客遍尝大江南北各种菜系，吃来吃去还是觉得家常菜最亲切。这几年来，北京菜馆盛行的是北京菜、川菜、东北菜，而广东粤菜因为在口味上与北方人差距较大，在北京始终难成气候。而且，北方人对蛇餐并不感兴趣，偏偏该酒楼的菜谱上便有恐怖的群蛇照片！很显然，这与北京食客的偏好和需求是极不相符的。

既不"知己"，又不"知彼"，怎么能够赢得市场呢？不过，现在的大白鲨酒楼已经彻底改变了，取而代之的是京味大众菜、特色菜，所以生意也越来越好。

"知己知彼"是"百战不殆"的前提条件，只有对双方的情况了如指掌，才能捕捉到更佳的商机，为自己的商业活动找到更合适的突破口，取得市场竞争的更大胜利。

## 推倒多米诺骨牌只需轻轻一碰

"冰冻三尺,非一日之寒","滴水穿石,非一日之功"。令人惊异的极致效果的出现往往是点点滴滴日积月累的结果。神奇的多米诺骨牌效应正是积累的力量的体现。人的努力也是可以累加的,台上一分钟的精彩,正是台下十年功累加的结果。

东晋时,有人将大将桓温与王敦相提并论,桓温很不高兴,他最愿意与著名将领刘琨比较。刘琨曾经北伐夺取土地,桓温也曾北伐为东晋争得大片土地。刘琨在后世并不如桓温有名,但他有风度有雄才,曾成为一时的风云人物。

桓温北伐的时候,遇到一位刘琨家从前的歌伎。桓温非常高兴,赶紧回屋披上最威武的盔甲,再去喊那个歌伎来,让她仔细瞧瞧,是不是真的很像刘琨。这个歌伎说了一连串可爱而尖锐的排比句:"脸面很像,可惜薄了点;眼睛很像,可惜小了点;胡须很像,可惜红了点;身材很像,可惜矮了点;声音很像,可惜细了点。"桓温听了大受打击,回屋一阵风似的把身上的披挂剥下,好几天闷闷不乐。

为什么会这样,因为这位歌伎用了五个"可惜",最终得出的结论却是不言而喻:不像。因为每一个"可惜"虽然只有那么一点点改变,但是加起来却完全推翻了桓温与刘琨相像的前提。

头上掉一根头发,很正常;再掉一根,也不用担心;还掉一根,仍旧不必忧虑……但长此以往,一根根头发掉下去,最后秃头出现了。哲学上叫这种现象为"秃头论证"。

一群蚂蚁选择了一棵百年老树的树基安营扎寨。为建设家园,蚂蚁们辛勤工作,挪移一粒粒泥沙,又咬去一点点树皮……有一天,一阵微风吹来,百年老树轰然倒地,逐渐腐烂,乃至最终零落成泥。在生物学中,这种循序渐进的过程也有个名字,叫"蚂蚁效应"。

第一根头发的脱落,第一粒泥沙的离开,都只是无足轻重的变化。当数量达到某种程度,才会引起外界的注意,但还只是停留在量变的程度,难以引起人们的重视。一旦量变达到"临界点"时,质变就不可避免地出现了!

以上这些例子,我们可以用多米诺骨牌效应来解释。

大不列颠哥伦比亚大学物理学家怀特海德曾经制作了一组骨牌,共13张,第一张最小,长9.53毫米,宽4.76毫米,厚1.19毫米,还不如小手指甲大。以后每张体积扩大1.5倍,这个数据是按照一张骨牌倒下时能推倒一张1.5倍体积的骨牌而选定的。最大的第13张长61毫米,宽30.5毫米,厚7.6毫米,牌面大小接近于扑克牌,厚度相当于扑克牌的20倍。把这套骨牌按适当间距排好,轻轻推倒第一张,必然会波及第13张。第13张骨牌倒下时释放的能量比第一张骨牌倒下时整整要扩大2000多倍。因为多米诺骨牌效应的能量是按指数形式增长的。若推倒第一张骨牌要用0.024微焦,倒下的第13张骨牌释放的能量就要达到

51焦。

　　按这个规律测算，如果制作到第32张骨牌时，这张牌会高达415米，比纽约帝国大厦的主体建筑还高。如果真有人制作了这样的一套骨牌，那摩天大厦就会在一指之力下被轰然推倒！

　　这种效应的物理原理是：骨牌竖着时，重心较高，倒下时重心下降，倒下过程中，将其重力势能转化为动能，它倒在第二张牌上，这个动能就转移到第二张牌上；第二张牌将第一张牌转移来的能量和自己倒下过程中由本身具有的重力势能转化来的动能之和，再传到第三张牌上……所以每张牌倒下的时候，具有的动能都比前一张牌大，因此它们的速度一个比一个快，也就是说，它们依次推倒的能量一个比一个大。

　　也许，下面这个故事可以为我们提供一种不错的思路。

　　有个人发现某个村子卫生习惯非常差，每条街道都脏乱不堪。他想改变村民们的这种习惯，但却很难说服他们。他想了很久，最后买了一条很漂亮的裙子送给了村里的一位小女孩。

　　小女孩穿上裙子后，女孩的父亲发现她脏兮兮的双手和蓬乱的头发与漂亮的裙子极不相称，就给她好好地洗了个澡，并把她的头发梳理整齐。这样，女孩穿着裙子就十分干净漂亮了，但她父亲发现家里脏乱的环境很快就把她的双手和裙子弄脏了，于是父亲就发动家人把家里好好地打扫了一遍，整个家都变得整洁亮堂了。很快这位父亲又发现从干净的家里出来，门口满是垃圾的过道让人十分别扭，于是他又发动家人把门口过道好好地打扫了一遍，并开始注意保持卫生，不再乱倒垃圾了。

不久，女孩的邻居发现隔壁整洁的环境太令人舒服了，而自家脏乱的环境却让人难受，于是他也发动家人，把屋里屋外都打扫了一遍，并开始注意保持卫生了……后来，那位好心人再到村里的时候，他发现整个村子变了样：村民们都穿着干净的衣服，村里的街道也被打扫得干干净净！

上述理论也同样适用于我们生活中的其他领域。报纸上说，若一个人能毫不懈怠地每天阅读500字的文章，他有朝一日就能成为博学之士；一个公司的奋起，也许就是开始于一个员工得到了一笔订单。千万不要轻视了细微的力量，而且更要坚持将一丝一毫的力量积累成最后的成功！

## 选择与放弃：品味智慧人生

"超负荷的工作量，工作中的不愉快等时时侵扰着我，我已经很久没有开怀大笑了。"不少上班族常常发出这样的感叹。职场竞争越来越激烈，然而，一个人的精力毕竟是有限的，对工作过度投入，就意味着对生活无暇顾及。无论生活还是工作，人必须学会"选择"和"放弃"。

一项民意调查结果显示，家庭月收入处在中等的阶层，对"幸福生活"的感觉最为强烈。这些人衣食无忧，生活稳定，没有更高奢求，最能感受到生活的幸福。但是随着收入的提高，幸福感却有所降低。由此看来，并非收入越高，生活越幸福，这就是为什么有那么多成功人士并没感到幸福的原因。真正的幸福来源于内心。

要达到工作与生活的平衡，最重要的是确定自己的生活重心，也就是你的人生目标，只要不偏离这个重心，你的内心就会保持平衡。必须打消"鱼与熊掌兼得"的念头，你的精力和时间是有限的，没有"舍"，便没有"得"。

鱼与熊掌不可兼得，你必须学会选择，懂得放弃。无论是在工作中还是生活中，在你做一个决定时，你常常会面临两个或多个选择，这就要求你善于分析比较，做出明智的选择，放弃那些弱势选项。如果一个人不懂得选择和放弃的智慧，面对人生的多个选择犹豫不决，迟迟难下结论，最终必然会错过成功的机会。选择是要一个人集中精力朝着一个方向努力，因为无论在哪个阶段，人生都会有许多方向，如果总是不能确定选择哪个方向，结果可想而知。生活中，你有权选择快乐，也有权选择痛苦；你有权选择幸福，也有权选择不幸；你有权选择希望，也有权选择失望；你有权选择成功，也有权选择失败……只有学会了选择，你才能拥有美满的人生，获得成功的事业！没有选择，你的人生就是没有航标的小船，毫无目的地随波逐流。但是生活中仅仅学会了选择还是远远不够的，你还要懂得放弃。懂得放弃，你才能领会选择的重要性；懂得放弃，你才能坦然面对生活；懂得放弃，你才能以微笑面对得失；懂得放弃，你才能得到更多……放弃是另一种美。有所得必有所失，有所失必有所得，该放弃时就放弃，你将与阳光一路同行！

选择是理性的取舍，是有所为有所不为，正确选择了，才能正确做事，选择好了，才不会多走弯路或误入歧途；放弃是另一种更广阔的拥有，放弃是为了更好的选择，敢于放弃者精明，乐于放弃者聪明，善于放弃者高明。人的一生中，需要做出太多选择，无论是在婚姻上，还是在工作上，不同的选择导致命运的迥异。错误的选择会让人走尽弯路，辛苦一生却一无所获，或走入歧途，酿成人生悲剧；量力而行，睿智选择，才会让人一帆风顺，成就完美人生。同样，人一生中需要放弃的太多，放弃不能承受之重，放弃心灵桎梏，该放弃时就要放弃，放弃是一种超越，一种生存智慧。不懂放弃常使人背负沉重压力，长期被痛苦困扰；懂得放弃让你避免许多挫折，生活更顺利。

## 让开那架独木桥

执着的精神，珍贵而难得。许多人取得成功跟他们坚定地坚持自己的梦想是分不开的。然而，执着也需要智慧的思考和灵活的选择来导航，多一分思考，变通一下观念，也许能避免因固执而吊死在一棵树上。让开那架独木桥，把目光投向另一片绿洲并勇敢去开辟，前程或许会海阔天空。不要以为离开独木桥是逃避现实，相反，为寻找出路而离开正是积极面对现实的表现。

《吕氏春秋》中记载了这样一个故事：

春秋时，孙叔敖深受楚庄王的器重，为楚国的中兴立下了很多功勋，但是在个人生活方面，他虽然身为令尹，生活却非常俭朴。庄王几次封地给他，他都坚持不受。

后来，孙叔敖率军打败晋国回来得了重病，临死前特别嘱咐儿子孙安说："我死后，你就回到乡下种田，千万别做官。万一大王非得赏赐你东西，楚越之间有一个地方叫寝丘，地方偏僻贫瘠，地名又不好，楚人视之为鬼蜮，越人以为不祥。你就要求那块没有人要的寝丘。"孙安当时没有听明白，因为寝丘在今河南省固始县境内，"寝"字在古代有丑恶的意思，不仅名字很不吉利，而且是一片十分贫瘠的薄沙地，很久以来都没有人要。但是他知道父亲这么安排肯定有道理，于是就点头答应了。

不久孙叔敖过世了，楚庄王悲痛万分，便打算封孙安为大夫，但孙安却百般推辞，楚庄王只好让他回老家去。孙安回去后，日子过得很清苦，甚至无以为继，只好靠打柴度日。后来，楚庄王听从了优孟的劝说，派人把孙安请来准备封赏。孙安遵从父亲遗命，只肯要寝丘那块没有人要的薄沙地。庄王只得封赠了寝丘的土地给他。

其他功臣勋贵往往为了那些肥沃的良田做封地而争得不亦乐乎，孙叔敖却要一块薄地，这里所用的就是少数派策略。这种策略是一种"以患为利"的智慧，把这些不利因素看作有利，这正是他的超人之处。按楚国规定，封地延续两代，如有其他功臣想要,就改封其他功臣。因为寝丘是贫瘠的薄地,一直没有人要封地在那里,因而一直到汉代,孙叔敖子孙十几代拥有这块地,得以安身立命。

因为资源都是有限的,如果没有少数派策略,所有人争夺的焦点都在有限的几种事物上,那么每个人面临的处境都是十分艰难的。唯有另辟蹊径,去到多数人没有注意到的那个"生门",才有可能绝处逢生,甚至获得比那挤上独木桥的千军万马更高的收益。

# 第二章
DIERZHANG

## 共赢中求生存
## ——单赢不是赢，多赢才算赢

# 1

## "零和博弈"和"负和博弈"无法使双方都受益

竞争,在很多时候因处理不好,导致"零和博弈",甚至"负和博弈",从而给一方甚至双方带来失败的苦涩。

当你看到两位对弈者时,你就可以说他们正在玩"零和游戏"。因为在大多数情况下,总会有一个赢,一个输,如果我们把赢棋计算为得1分,而输棋为-1分,那么,这两人得分之和就是:1+(-1)=0。这正是"零和游戏"的基本内容:游戏者有输有赢,一方所赢正是另一方所输,游戏的总成绩永远是零。

"零和游戏"原理之所以广受关注,主要是因为人们发现社会中与"零和游戏"类似的情况很多,胜利者的光荣背后往往隐藏着失败者的辛酸和苦涩。从个人到国家,从政治到经济,似乎无不验证了世界正是一个巨大的"零和游戏"。这种理论认为,世界是一个封闭的系统,财富、资源、机遇都是有限的,个别人、个别地区和个别国家财富的增加必然意味着对其他人、其他地区和其他国家的掠夺。

"零和博弈"属于非合作博弈，是指博弈中甲方的收益，必然是乙方的损失，即博弈双方得益之和为零。在"零和博弈"中博弈双方决策时都以自己的最大利益为目标，结果是既无法实现集体的最大利益，也无法实现个体的最大利益。除非在博弈双方中存在可行性的承诺或可执行的惩罚做保证，否则博弈双方中难以存在合作。

诸如下棋、玩扑克牌在内的各种智力游戏都有一个共同特点，即参与游戏的双方之间存在着输赢。在游戏进行之中，一方赢得的就恰好等于另一方输掉的。譬如，在国际象棋比赛中，一方吃掉对方的一个棋子，就意味着该方赢了一步而对方输掉一步。倘若我们在象棋比赛中做出这样的规定：当一方吃掉对方的一个棋子时，对方应输给该方一分钱，并用"支付"（Pay off）一词表示双方各自输赢的情况，在比赛进行过程中以及比赛结束时双方的"支付"相加总和等于零。所谓"零和博弈"的概念就是由此而来的。

有两个人合伙做生意，一个人有钱出资金，一个人主管经营。在两人共同努力下，他们的生意很红火。但是，渐渐地，那个主管经营的人便起了歹心，想独吞生意。于是，他便向出资者提出还了那些资金，这份生意算他一个人的。出资人当然不愿意，因此双方僵持了很长时间，矛盾越来越尖锐，最后诉诸公堂。那个主管经营的人在两人开始做生意时，便已经给对方下了套，在登记注册时，只注册了他一个人的名字。虽然出资人是原告，却因对方早就下好了套而输了官司。结果，出资人眼睁睁让对方独吞了生意而没有办法。这便是一种典型的"零和博弈"。

从博弈双方来看，主管经营的人是占了便宜，他的所得正是出资人的所失。这对主管经营的人来说，是一时得利，但他这样的行为，从更深一层意义上来看，所失也不一定比所得小。这个独吞别人利益的人，会让更多的人不愿意也不敢和他交往，最终也会失去了那份很好的生意。可见，交际中如果用欺诈行为而侵占别人的利益，可能会因此而失去更多。试想一下，有谁愿意和一个一心只想着独吞好处的人交往呢？

现在再来说说"负和博弈"。"负和博弈"是指竞争者的竞争总体结果所得小于所失，其结果的总和为负数，是两败俱伤，双方都有不同程度的损失。

比如在生活中，兄弟姐妹之间相互争东西，其结果就很容易形成这种两败俱伤的"负和博弈"。一对双胞胎姐妹，妈妈给她们两人买了两个玩具，一个是金发碧眼、穿着民族服装的娃娃，一个是会自动跑的玩具越野车。看到那个娃娃，姐妹两人同时都喜欢上了，而都讨厌那个玩具越野车。她们一致认为，越野车这类玩具是男孩子玩的，所以，她们两个人都想独自占有那个可爱的娃娃。于是矛盾便出现了，姐姐想要这个娃娃，妹妹偏不让，妹妹也想独占，姐姐偏不同意。最后，妈妈干脆把玩具扔掉，谁都别想要。

可以说像这种情况，在我们的生活中是经常出现的。在相处过程中，由于交往双方为了各自的利益或占有欲，而不能达成相互间的统一，产生冲突和矛盾，结果是交往的双方都从中受到损失。这样造成的后果是：其中一方的心理不能得到满足，另一方的感情也有疙瘩。可以说，对双方而言都受到损失；双方的愿望都没有实现，剩下的也只能是双方关系的不和或"冷战"，从而对双方的感情造成不良的影响。

## "正和博弈"："双赢"才是皆大欢喜

"正和博弈"蕴藏着双赢的智慧，"双赢"才是皆大欢喜。

"正和博弈"亦称"合作博弈"，就是参加博弈的双方的损失和收益加起来是正数。"正和博弈"研究人们达成合作时如何分配合作得到的收益，即收益分配问题。"正和博弈"的参与双方大多采取一种合作的方式，或者说是一种妥协。妥协之所以能够增进双方的利益以及整个社会的利益，就是因为"正和博弈"能够产生一种合作剩余。至于合作剩余在博弈双方之间如何分配，取决于博弈双方的力量对比和技巧运用。

当前，无论是在工作还是学习中，"博弈"已成为人们使用的高频词汇。但大多数人对于"博弈"的理解与使用仍然局限于竞争环境中，甚至直接将其作为竞争的同义词。事实上，在现代的商业环境中，对于竞争的过分强调会使人误入歧途，如果一个企业家始终固守"商场如战场"的信念，他就有可能错失与其他企业合作双赢的良机。

按照系统论的说法，一个企业是一个开放耗散结构系统，与外部环境不断发生联系与交换。企业总是要在外部环境中，寻找供应商采购，寻找销售商销售，寻找合适人选招聘，以及与其他企业进行合作等，探取合作双赢的结果。在企业合作推出品牌的诸多案例中，最典型的莫过于英美烟草（香港）有限公司与芜湖卷烟厂的合作。

1990年4月，由安徽省烟草专卖局（公司）大力推荐，国家烟草专卖局（总公司）出面牵线搭桥，两个公司开始了合作历程。1991年，双方合作生产的"都宝"牌卷烟非常顺利地占领了首都市场，成为北京的畅销品牌，并远销内蒙古、河北等18个省、自治区和直辖市。

一般来说，两家企业达成合作协议，推出双方共同拥有的新品牌，就意味着在很大程度上合作双方开始相互依赖。没有任何一方可以在不牺牲自身利益的情况下回到原来独立经营的轨道上去。

我们不妨认为，英美烟草公司的技术水平要高于芜湖卷烟厂，而芜湖卷烟厂本土化的营销手段与网络则是英美烟草公司所缺乏的。因此，英美烟草公司与芜湖卷烟厂之间的合作主要是英美烟草公司提供技术,而芜湖卷烟厂开发市场。

设想英美烟草公司支持芜湖卷烟厂的技术开发分为低技术开发与高技术开发两种,技术开发成本分别为9000万元与1.5亿元;芜湖卷烟厂上新生产线的投入也分为低投入与高投入两种,投入成本分别为1.8亿元与3.0亿元。

不妨合作双方都预期到"都宝"香烟的市场利润在一年内可以达到3.9亿元。双方都以一年内收回成本为目标,但赚取多少钱并不在考虑之列,主要是试探性地进行这个项目。很显然,芜湖卷烟厂高投入上生产线,英美烟草公司采用高技术开发,此时的总成本达到4.5亿元,一年内这个合作项目的成本明显无法收回。

我们不妨假定合作双方采用两种策略的概率都是1/2,由此,双方总成本分别为3.3亿元、2.7亿元、4.5亿元和3.9亿元的概率都是1/4。那么,双方总成本的期望值为(3.3亿+2.7亿+4.5亿+3.9亿)元×1/4=3.6亿元,因此双方的预计利润为3.9亿-3.6亿元=0.3亿元。

那么在英美烟草公司与芜湖卷烟厂进行合作协商的时候,就要考虑到项目启动成本是否高于0.3亿元。项目启动成本包括双方谈判成本、人员培训成本、沟通成本等。如果项目启动的初期投资超过3000万元,双方就没有合作的可能性,项目自然就被否定掉。

在企业的实际合作中,最大的困难并不是做出这样的预期,关键在于每个企业是否真实地提供自己所负担的投入成本。比如这个例子中，英美烟草公司可以将其技术开发成本报为最高的1.5亿元，芜湖卷烟厂报为最高的3.0亿元。在这种情况下，很明显，合作双方的项目第一年的目标无法达到，更谈不上弥补先期的项目启动成本。自然，项目只会泡汤，双方无法达成合作。

看来让两个公司有效地合作一个项目，并不是一件简单的事情。我们不妨采取这样一种策略：假如芜湖卷烟厂决定将合作项目继续下去，它必须要补偿英美烟草公司的成本，然后保有余下的利润。无论双方的成本总和是不是低于利润目标，芜湖卷烟厂都将决定继续下去，它的收入为总收入减去自身上新生产线的成本，再减去对英美烟草公司的补偿之后的剩余。

双方要同时宣布自己投入的成本，并且在总成本低于利润目标的前提下，项目才能进行下去。对于芜湖卷烟厂来说，补偿英美烟草公司成本的剩余利润必须要高于它实际付出的成本，它才能继续这个项目。由此看来，芜湖卷烟厂最好的做法就是报出真实的投入成本。如果芜湖卷烟厂所报的是虚假数字，很有可能这个项目就无法进行，芜湖卷烟厂就失去了一个赚钱与技术更新的好机会。因此，芜湖卷烟厂报出真实成本是一个优势策略。同理，这种激励机制当然也可以用在英美烟草公司身上，报出真实成本自然也是英美烟草公司的一个优势策略。

然而，这种激励机制的局限在于，不管用在哪一方身上，都只能保证其中一方报出的是真实成本，无法约束另一方也说真话。为了让双方都能够报出真实成本，设计合作协议就显得尤为重要。这份协议要能够激励两家公司都报出真实成本,还要有确保有效继续或取消项目的决策。能够让大家精诚团结的协议,就是要使公司将它们通过自身行动加在对方身上的成本考虑进去。比如在这个例子中,一旦公司夸大自己的成本,项目不得不取消,反而自己所获收益减少。

双赢能够让折射的阳光照亮携手同行的路程,让竞争在微笑中放松心灵,在合作中共同进步,展现出一幅人与人关爱和睦、诚实守信的和谐的生动图景。

## 参与"零和博弈"与"负和博弈"的,没有赢家

根据是否可以达成具有约束力的协议博弈分为合作博弈和非合作博弈。"零和博弈"和"负和博弈"都属于非合作博弈。"零和博弈"又称"零和游戏",与非零和博弈相对,是博弈论的一个概念,指参与博弈的双方在严格竞争下,一方的收益必然意味着另一方的损失,博弈双方的收益和损失相加总和永远为零。也可以说,一方的幸福是建立在另一方的痛苦之上的,二者的大小完全相等,因而双方都损人利己。"零和博弈"的结果是一方的所得正是另一方的所失,整个社会的利益并不会因此而增加一分。至于"负和博弈",是指双方冲突和斗争的结果,所得小于所失,就是我们通常所说的其结果的总和为负数,也是一种两败俱伤的博弈,双方都有不同程度的损失。

在很久以前，北方有一位技艺高超的木匠，擅长用木头做成各式人物。他所做的女郎，容貌艳丽，穿戴时尚，活动自如，还能斟茶递酒，招呼客人，几乎与真人无异，非常神奇。唯一的不足之处就是不能说话。

当时，在南方有一位画师，画技非常了得，所画人物栩栩如生。有一次，他来到北方。木匠久闻画家大名，意欲相聚一下。于是，他备好酒菜，请画师来家做客，又让自己所做的木女郎斟酒端菜，十分周到。女郎秀丽娇俏，画师看在眼里，不由心生爱恋，却故不作声。

在酒酣饭饱之后，天色已经很晚了，于是，木匠便要回到自己的卧室。临走时，他故意将女郎留下，并对画师说："留下女郎听你使唤，与你做伴吧。"画师听了，非常高兴。等木匠走后，画师见女郎伫立灯下，一脸娇羞，愈发可人，便叫她过来，但是女郎不吭声。画师看她害羞，便上前用手拉她，这才发觉女郎是木头人，顿觉惭愧，念道："我真是个傻瓜，被这木匠愚弄了。"他越想越生气，就想办法报复，于是他在门口的墙上，画了一幅自己的画像，穿着完全与自己一模一样，还画了一条绳系在颈上，像是上吊死去的样子；又画了一只苍蝇，叮在画中人的嘴上。画好像后，他便躲在床底下睡觉去了。

等到第二天早上，木匠见画师久久没有出来，却看见画师门户紧闭，叩门又没有人。于是，透过门窗缝隙向内望去，赫然看到画师上吊了。惊恐万分的木匠，马上撞开门户，急忙用刀去割绳子,这才发现原来只是一幅画。木匠很是恼火,一气之下,打了画师。

可以说这是一个典型的人际博弈,或者更确切地说是一个典型的"负和博弈"。本应皆大欢喜的事情,结果却以两败俱伤的尴尬局面告终。我们不妨从头分析一下整个事件的原委:由于画师不知女郎是木头所做,见其秀丽,便心生爱恋,而如果此时木匠能告诉他事实,画师就不会去喜欢女郎了;再说了,即使木匠故意作弄画师,如果画师在知道真相后,不去报复木匠,那么也不会发生后来的事。不管怎样,两人的做法都是不可取的,结果只能使他们因为两败俱伤而不再交往。

所以,参与"零和博弈"和"负和博弈"的人们,没有赢家可言,而人们也在社会的不断发展中认识到了这一点。20世纪,人类在经历了两次世界大战、经济的高速增长、科技进步、全球化以及日益严重的环境污染之后,"零和博弈"和"负和博弈"的观念正逐渐被"双赢"观念所取代。人们开始认识到"利己"不一定要建立在"损人"的基础上,若是这样做对双方都没有益处,那就换一种思维,或许可以尝试着合作。通过有效合作,皆大欢喜的结局是可能出现的。要从"零和博弈"或者是"负和博弈"走向"双赢",要求双方要有真诚合作的精神和勇气,在合作中不要耍小聪明,不要总想占别人的小便宜,要遵守游戏规则,否则"双赢"的局面就不可能出现,最终吃亏的还是自己。

## 为什么要从"红海"游到"蓝海"

红海是残酷的,更低的成本或更突出的差异化是红海的生存法则,即便这样,原本已经拥挤的红海中生存空间也是有限的。蓝海则有着更广阔的发展空间,甚至是大片等待被开辟的领域。选择从红海游到蓝海,是发展形势的需要和要求。

对于"红海",人们都很熟悉了,比如平常所说的竞争战略,进行产业的分析、竞争分析、定位等,主要从差异化战略和低成本战略做权衡取舍。"蓝海战略"是2005年全球范围内管理界的一个关键词,出现在W.钱·金和勒妮·莫博涅教授合著的《蓝海战略》一书里。"蓝海""红海"是基于产业组织经济学的概念,"蓝海战略"的理论基石是新经济理论,也就是内生的增长理论。

"红海战略"主要是在已有的市场空间竞争,在这里,你或是比对手成本低,或是比他更加可以达到差异化,两个战略取其一。游戏规则是已经定好的,按照这个游戏规则,竞争者进行针锋相对的竞争,所要分析的就是竞争态势和已有产业的条件,这是"红海战略"需要研究的变量和因素。

"蓝海战略"不局限已有产业边界,而是要打破这样的边界条件,有时候"蓝海"是在全新的一片市场天地中开辟的。当然,"蓝海"可以在"红海"中开辟,比如星巴克咖啡,原来麦氏、雀巢这些厂商都是采取低成本，在价格上竞争。星巴克一出现就击倒所有对手，在原有"红海"中开辟了"蓝海"，几乎达到垄断地位的高度。

"蓝海战略"认为，聚焦于"红海"等于接受了商战的限制性因素，即在有限的土地上求胜，却否认了商业世界开创新市场的可能。运用"蓝海战略"，视线将超越竞争对手移向买方需求，跨越现有竞争边界，将不同市场的买方价值元素筛选并重新排序，从给定结构下的定位选择向改变市场结构本身转变。

"蓝海"以战略行动作为分析单位，战略行动包含开辟市场的主要业务项目所涉及的一整套管理动作和决定，在研究1880—2000年30多个产业150次战略行动的基础上，指出价值创新是"蓝海战略"的基石。价值创新挑战了基于竞争的传统教条即价值和成本的权衡取舍关系，让企业将创新与效用、价格与成本整合一体，不是比照现有产业最佳实践去赶超对手，而是改变产业景框重新设定游戏规则；不是瞄准现有市场"高端"或"低端"顾客，而是面向潜在需求的买方大众；不是一味细分市场满足顾客偏好，而是合并细分市场整合需求。

一个典型的"蓝海战略"的例子是太阳马戏团，在传统马戏团受制于"动物保护""马戏明星供方砍价"和"家庭娱乐竞争买方砍价"而萎缩的马戏业中，太阳马戏团从传统马戏的儿童观众转向成年人和商界人士，以马戏的形式来表达戏剧的情节，吸引人们以高于传统马戏数倍的门票来享受这项前所未见的娱乐。

"蓝海战略"在获利性增长上的结果与"红海战略"的不同可做以下分析：

对于业务投入的结果，在新推出的业务当中，86%是投入"红海"业务，14%是"蓝海"业务，而蓝海业务最后在利润上的影响占61%，也就是达到总利润的61%，这些结果是通过随机抽样，然后运用统计的方法计算出来的。

这个结果显示，既然财富都集中在"蓝海"，为什么这么多人挤在"红海"里，主要推出业务还都是"红海"呢？

在世界经济论坛，或者财富年会，或者微软的峰会，所有企业的老总一致说创建蓝海非常重要，但是等他们回去要投入项目的时候，要他们真正开出支票的时候，还是举足不前，仍然继续留在"红海"。这也是莫博涅教授不解的一点。

为什么86%的企业还在"红海"中呢？原来，在"红海"中开创业务，已经有了很多分析工具和框架理论，只要分析产业的现状结构，比照一下竞争对手，在价格质量内容上相比照就可以了，知道我们的竞争对手的优势在何处，就可以制定我们的战略了。但是"蓝海"是冒险，虽然创新是好的，但是没有什么人愿意冒险，在商学院中我们也说失败是成功之母，但是没有人想做失败者，这也就是为什么很多人仍致力于"红海"的原因。

## "强强联合"是"双赢"的最好选择

经济学界讲的"强强联合",是指大企业之间为了增强市场竞争力,获得更大的经济效益而实行合并的经济现象。大企业之间的强强联合,可以实现合并企业的优势互补,优化资源配置,降低生产成本,提高劳动生产率,促进先进技术的研究和开发,达到扩大市场占有额,获取更大经济效益的目的。

"强强联合"与企业兼并不同,企业兼并是建立在通过以现金方式购买被兼并企业或以承担被兼并企业的全部债权债务等的前提下,取得被兼并企业全部产权,剥夺被兼并企业的法人资格。通常是效益较好的优势企业兼并那些效益较差的劣势企业。也就是说,兼并之后,劣势企业将不再存在。而"强强联合"则是建立在大企业相互合作的基础上的合并,不存在剥夺另外企业法人资格之说,也就是联合之后,仍是共同发展。

目前,我们所看到的很多品牌营销活动其实并不属于联合品牌传播活动。比如"长丰猎豹"进行摇滚乐的推广,跟可口可乐当年借助麦克尔·杰克逊进行全球巡演的意义一样,这其实是一种非常简单的借助媒介进行传播的活动。但是不能把这样的活动都列为联合营销的范围之内,必须要把联合营销看成是一个独立的体系。

怎样才能算是真正的联合营销?下面是一个几年前奔驰和乔

治·阿玛尼合作的典型案例：

阿玛尼是代表欧洲豪华服装和时尚产品的品牌，其设计理念是前卫和创新，而奔驰汽车的CLK品牌则希望通过跑车的模式，吸引那些富有创新精神并愿意尝试新事物的年轻人士。这两者整合在一起，至少可以获得两个方面的好处：

一是品牌发展到一定阶段之后就演变成消费者价值的象征。即消费者选择阿玛尼品牌，主要是希望借助阿玛尼品牌，彰显自己所接受和认可的阿玛尼精神——时尚、创新、激情。所以，从这个意义上讲，服装更多时候是一种自我精神的外在表现，而不是简单的认可或者接受阿玛尼品牌，这就是品牌的本质特征。

二是可以实现品牌策略上的延伸、扩展。阿玛尼品牌的消费者会自然地将奔驰CLK看成是阿玛尼时尚精神的一种延伸或者一种扩展，如果消费者深信阿玛尼精神，那么在一定程度上，他对于这款汽车的态度就延续了自己对阿玛尼品牌精神的认同和体验。

在上面的合作案例中，假如消费者认定了阿玛尼所代表的精神，从阿玛尼的价值特征和品牌精神出发，在舆论下也会自然地接受奔驰品牌，把奔驰看成是阿玛尼精神的一种延伸，或者是在运动方面的一个补充。

这样一来，CLK品牌就会得到最大限度的传播，而奔驰CLK本身也在积极地吸引具有创新精神和创新文化的年轻人士，把他们变成自己品牌的消费者。

在阿玛尼品牌和奔驰品牌传播的过程当中，由于消费者媒介的选择性，总是会导致相当一部分目标消费者并没有注意到这两个品牌，或者因为种种因素，不能够完全接受或者全面接受该品牌所彰显的文化价值或者精神理念。但通过联合营销，一是双方都能弥补媒介传播上的不足，并最大限度地使自己的品牌得到发扬。二是双方的联合可以大幅度降低成本，同时整合延长自己单一品牌的宣传和传播的时间。

事实上，联合营销等于做了一个加法。在实际操作特别是在品牌传播当中，所有的企业都会花掉大量的费用，如果联合则可以大大降低这些费用。

当然，联合品牌还有一定的限制，不是任何时候都可以使用，而必须注意以下几个方面的问题：

第一，要精选合作对象，最好有共同的消费人群、文化理念和精神理念，以及共同的价值特征、属性。

第二，一般企业可能很少注意到，在成为知名品牌以前，联合品牌很难操作成功。所以要找到一个适当、对等的品牌进行合作，而不能够期望借助远高于自己的价值特征或者社会影响力的品牌提升自身的影响力。联合营销追求的是相互之间的平等合作，而不是借一个品牌去拉动另外一个品牌。东风雪铁龙和卡帕（KAPPA）的合作就是非常典型的例子。雪铁龙是一个欧洲品牌，而卡帕是一个意大利运动品牌，这两者都是当地具有一定影响力的品牌。卡帕刚在香港上市，就取得了服装行业第一品牌的位置，这种影响力对东风雪铁龙来说，无疑具有实际意义和平等价值。

第三，联合品牌最重要的还是巩固品牌的形象，而不是塑造品牌形象，因此联合品牌传播，并不能替代单一品牌的传播。即使联合品牌能够降低成本，也必须在整体战略上把它作为辅助性战略，而不能作为根本性战略。

## 适度回击，是为了不受更多欺负

谦恭礼让的美德固然可取，不过，适度回击也无可厚非，一方面它可能减少受到更多的欺负，更重要的是，它警醒了双方对规则的智慧思考。

谦恭礼让是对别人的尊重，从而才能赢得别人对自己的尊重。但谦恭是要有度的，当别人对你过分地无理时，也要不卑不亢，有礼有节地给予适度的回击，来维护自己的尊严和利益，免得日后再受到别人的更多欺负。

"你们要是用刀剑刺我们，我们不是也会出血的吗？你们要是搔我们的痒，我们不是也会笑起来的吗？你们要是用毒药谋害我们，我们不是也会死的吗？那么要是你们欺侮了我们，我们难道不会复仇吗？"（莎士比亚：《威尼斯商人》，第三幕第一场）借夏洛克之口，莎士比亚强调了回击是人类的本能。进攻是最好的防御。所以，我们应该摒弃过去的那种对回击完全说"不"

的观念，因为适时适度的回击实际上是一种自保行为，只有这样你才能在以后少受别人的欺负。

下面是《富爸爸，富孩子，聪明孩子》中富爸爸教育自己孩子的一个故事：

罗伯特小时候长得又高又壮，妈妈很害怕他会利用身体优势成为学校里的"小霸王"。所以妈妈着力发掘他身上被人们称作"女性的一面"的性格因素。一年级时的一天，罗伯特拿回成绩单，老师的评语是"罗伯特应该学会更多地维护自己的权益，他使我想起了费迪南德公牛。虽然罗伯特比别的孩子更高更壮实，可是别的孩子就是敢欺负他，推搡他。妈妈曾给我讲过这个故事，说的是一头叫作费迪南德的大公牛不是与斗牛士打斗，而是坐在场地中嗅闻观众抛给它的鲜花。"

妈妈看完成绩单后，感到震惊。爸爸回家看过后，立即变成一头发怒的而不是闻花的"公牛"。"你怎么看别的孩子推你这件事？你为什么让他们推你？难道你是个女孩子吗？"父亲嚷着，他似乎更在意关于罗伯特行为的评语，而不是考试分数。罗伯特向爸爸解释他只不过是听从妈妈的教导，他转向妈妈说道："小孩子们都是公牛，所以对任何一个小孩子来说，学会与'公牛'相处很重要，因为他们的确身处于公牛群中。如果他们在童年时就没学会与'公牛'相处，他们到了成年就会经常受人欺辱。"

父亲转向罗伯特说："别的孩子打你的时候，你的感觉是什么？"

罗伯特的眼泪流了下来："我感觉很不好，我觉得无助而且恐慌。我不想上学了，我想反击他们，但我又想当好孩子，按你和妈妈的希望去做。我讨厌别人叫我'胖子'和'蠢货'，讨厌被别人推来推去的，而且我最讨厌站在那里忍受这些。我觉得我是个胆小鬼，简直就像个女孩子，而且女孩子们也笑话我，因为我只会站在那里哭。"

父亲转向母亲，盯视了她一会儿，似乎是要让妈妈知道他不喜欢她教给罗伯特的这些东西，然后他问罗伯特："你认为该怎么办？"

"我想回击"，罗伯特说："我知道我打得过他们。他们都是些爱打人的小流氓，他们喜欢打我是因为班里我的个子最大。因为我个子大，每个人都要我不欺负别人，可是我也不想站在那里挨揍啊。他们认为我不会反击，所以就总是在别人面前打我。我真想揍他们一顿，灭一灭他们的气焰。"

"不要揍他们，"父亲静静地说道："但你要用其他方式让他们知道你不再受他们的欺负了。你现在要学习的是非常重要的一课——争取自尊，捍卫自尊。但你不能打他们，动动脑子想个办法，让他们知道你不会再忍受挨打了。"

罗伯特不再哭了，擦干了眼泪，感到好受多了，勇气和自尊似乎又重新回到了他的体内。现在罗伯特已经做好回到学校的准备了。

在学校里，难免有小孩受到坏孩子的欺负，这是令许多老师家长都感到头疼的事情。而英国却出了"怪招"，遭遇校园暴力的孩子可以有机会为自己"讨回正义"。

英国政府颁布了一份名叫《安全学习》的文件，专门打击校园暴力问题。文件表示，被欺负的学生有责任帮助学校解决校园暴力问题。最令人惊讶的是，被欺负的小孩可以直接"惩罚"欺负他的坏小孩。如果小孩向老师反映自己受到了坏小孩欺负，在老师惩罚这个坏小孩时，受欺负的小孩可以选择惩罚的方式。惩罚的方式包括让欺负人的小孩捡垃圾、擦洗墙上涂鸦或者留堂等。

英国不少教育官员都表示，这样的做法能够让孩子觉得对坏小孩的惩罚是"公平的"，同时也能让被欺负的小孩重树信心，得到更大的心理安慰。

人们常说"人善被人欺，马善被人骑"，"马善"是说马温驯，而"人善"除了指人温驯，没有反抗的性格外，还包括心软、服从、软弱、畏缩及缺乏主见等。不过，畏缩及缺乏主见的人可能有一副硬脾气，不合他脾气的话，他一样是听不进去，也指挥不动的，这种人反而不一定会被人欺。最易被人欺的，都是有善良及温厚特质的人，也就是"好人"。"好人"因为一切与人为善，不争不抢、不使手段，不会拒绝人家，因此反而易被利用。

为了扭转这种任人欺负的局面，就要学会适度地抗议和生气。当你受到不公平的待遇时，要有勇气抗议，但这种抗议必须要有气势，不必得理不饶人，但要充分表达你的立场。至于生气，也不必得理不饶人，但要让对方了解你的立场。一般喜欢捏软柿子(欺负好人)的人，必然都是虚的(因为他不敢去欺负"坏人")，因此你的抗议和生气会产生相当程度的效果。另外，也可采取适度的反击，不过这种反击，轻重要拿捏得准，否则会让自己良心不安，反而造成自己的痛苦。

要不被人欺，就要武装自己；不必去攻击别人，但必须能保护自己，就像自然界的许多小动物，它们也都有基本的自卫能力。

## 第三章

DISANZHANG

# 别让"逆向选择"淘汰了你
## ——最优秀者并不总是最走运

## "逆向选择"是匪夷所思的博弈吗

"逆向选择",是指由于交易双方信息不对称或市场价格下降产生的劣质品驱逐优质品,进而出现市场交易产品平均质量下降的现象。例如,在商品市场上,特别是在旧货市场上,由于卖方比买方拥有更多的关于商品质量的信息,买方由于无法识别商品质量的优劣,只愿根据商品的平均质量付款,这就使优质品价格被低估而退出市场交易,结果只有劣质品成交,进而导致交易的萎缩。

"逆向选择"理论是在美国经济学家阿克洛夫于1970年提出的"旧车市场模型"这个理论的基础上形成的。

在旧车市场上,买者和卖者之间对汽车质量信息的掌握是不对称的。卖者知道所售汽车的真实质量。一般情况下,潜在的买者要想确切地辨认出旧车市场上汽车质量的好坏是比较困难的。他最多只能通过外观、介绍及简单的现场试验等来获取有关汽车质量的信息。然而，从这些信息中很难准确判断出车的质量。因为车的真实质量只有通过长时间地使用才能看出，但这在旧车市场上又是不可能的。在这种情况下，典型的买者只愿意根据平均质量支付价钱。但这样一来，质量高于平均水平的卖者就会将他们的汽车撤出旧车市场，市场上只留下质量低的卖者。结果是，旧车市场上汽车的平均质量降低，买者愿意支付的价格进一步下降，更多的较高质量的汽车退出市场。在均衡的情况下，只有低质量的汽车成交，极端情况下甚至没有交易。

这违背了市场竞争中优胜劣汰的法则。平常人们说选择，都是选择好的，而这里选择的却是差的，所以把这种现象叫作"逆向选择"。

在保险市场上，"逆向选择"现象也相当普遍。以医疗保险为例，不同投保人的风险水平可能不同。有些人可能有与生俱来的高风险，比如他们容易得病，或者有家族病史。而另一些人可能有与生俱来的低风险，比如他们生活有规律，饮食结构合理，或者家族寿命都比较长，等等。这些有关风险的信息是投保人的私人信息，保险公司无法完全掌握。如果保险公司对所有投保人制定统一保险费用（这属于总体保险合同），由于保险公司事先无法辨别投保人潜在的风险水平，这个统一的保险费用，只能按照总人口的平均发病率或平均死亡率来制定。所以，它必然低于高风险投保人应承担的费用，同时高于低风险投保人应承担的费用。

通过这种方式,低风险投保人会不愿负担过高的保险费用而退出保险市场。这时,保险市场上只剩下高风险的投保人。简单地说,这时,高风险投保人驱逐低风险投保人的"逆向选择"现象发生了。其结果是保险公司的赔偿概率将超过根据统计得到的总体损失发生的概率。保险公司出现亏损甚至破产的情况必然发生。

资本市场上也存在着"逆向选择"。比如对于银行来说,其贷款的预期收益既取决于贷款利率,也取决于借款人还款的平均概率,因此银行不仅关心利率,而且关心贷款风险,这个风险是借款人有可能不归还借款。一方面,通过提高利率,银行可能增加自己的收益;另一方面,当银行不能观测特定借款人的贷款风险时,提高利率将使低风险的借款人退出市场,从而使得银行的贷款风险上升。结果,利率的提高可能降低而不是增加银行的预期收益。显然,正是由于贷款风险信息在作为委托人的银行和作为代理人的借款者之间分布并不对称,从而导致了"逆向选择"现象。

## 怕什么偏偏就来什么

生活中总是发生这样一些事件,为什么总是怕什么偏偏就来什么?比如,考试的时候怕上卫生间,越怕就越想去了。学习的时候怕饿,饿了就分心了,结果越怕饿就越饿了。

"墨菲定律"亦称莫非定律、莫非定理或摩菲定理，主要内容是：事情如果有变坏的可能，不管这种可能性有多小，它总会发生。

爱德华·墨菲是一名工程师，他曾参加美国空军于1949年进行的MX981实验。这个实验的目的是为了测定人类对加速度的承受极限。其中有一个实验项目是将16个火箭加速度计悬空装置在受试者上方，当时有两种方法可以将加速度计固定在支架上，而不可思议的是，竟然有人将16个加速度计全部装在错误的位置。于是墨菲做出了"如果有两种选择，其中一种将导致灾难，则必定有人会做出这种选择"这一著名的论断。

几个月后这一"墨菲定律"被广泛引用在与航天机械相关的领域。经过多年，这一定律逐渐进入习语范畴，其内涵被赋予无穷的创意，出现了众多的变体，其中最著名的一条也被称为"菲纳格定律"，具体内容为：会出错的，终将会出错。这一定律被认为是对"墨菲定律"最好的模仿和阐述。

"墨菲定律"告诉我们，容易犯错误是人类与生俱来的弱点，不论科技多发达，事故都会发生。而且我们解决问题的手段越高明，面临的麻烦就越严重。所以，我们在事前应该是尽可能想得周到、全面一些，如果真的发生不幸或者损失，那就笑着应对吧，关键在于总结所犯的错误，而不是企图掩盖它。

2003年美国"哥伦比亚号"航天飞机即将返回地面时，在美国得克萨斯州中部地区上空解体，机上6名美国宇航员以及首位进入太空的以色列宇航员拉蒙全部遇难。"哥伦比亚号"航天飞机失事也印证了"墨菲定律"。如此复杂的系统很可能出事，不是今天，就是明天。每一次事故之后，人们要积极寻找事故原因，以防止下一次事故的发生，这是人的一般理性思维都能够理解的，否则，或者从此放弃航天事业，或者听任下一次事故再次发生，这都不是一个国家能够接受的结果。

"墨菲定律"并不是一种强调人为错误的概率性定律，而是阐述了一种偶然中的必然性，我们再举个例子：你兜里装着一枚金币，生怕别人知道也生怕丢失，所以你每隔一段时间就会用手去摸兜，去查看金币是不是还在，于是你的规律性动作引起了小偷的注意，最终金币被小偷偷走了。即便没有被小偷偷走，那个总被你摸来摸去的兜最后也终于被磨破了，金币掉了出去，丢失了。这就说明了，越害怕发生的事情就越会发生的原因。就是因为害怕发生，所以会非常在意，注意力越集中，就越容易犯错误。

生活中如此"怕什么偏偏就来什么"的事件总是会发生，我们所能做的就是尽可能地事前做好充分准备，努力把此概率降低到最低的同时，为可能发生的意外多留一点余地。

## 不要做有才华的"穷人"

当细致观察之后，我们不得不接受一个看似矛盾却大量存在于我们周围，令人惊异不已又甚为残酷的客观事实：在这个世界上，到处都是有才华的"穷人"。

在"穷人"之中，我们不费力便能发现一些几年前、十几年前甚至二三十年前毕业的大学生，不仅他们厚厚的高度近视眼镜片能证明他们的知识渊博，他们的谈吐更是常常显示其学识的不凡与口才的精彩。最特别的是，尽管他们人生的进程已到生存都有危机之际，但在他们不经意的言谈中，却很少有对比尔·盖茨或李嘉诚表示叹服的美言，更不会给柳传志等致以尊敬的口吻，对那些人生的成功者，他们得出的结论都是同一个："老子运气不如他们而已！"

仿佛比尔·盖茨或李嘉诚他们所拥有的那几百亿元资产，全是运气的赠物；柳传志、刘永行他们创立的那一个个财富公司，都是天上掉下来落到那些人头上的馅饼；而他们的困境，却是老天爷犯有分配不公错误的结果。"凭老子这些本事，难道不是另一个李嘉诚、柳传志？要不是运气不好，老子就会是另一个大富翁，而不会虎落平阳！"他们常常会这样的愤世嫉俗，更伴有极大的怒气。

但是，他们这坠入"穷人"行列的理由，实在太牵强。有些人虽然尚未跌入失业者的队伍，虽然还在某大公司有着光鲜的工作，但是，在他们自己心中，以及同行者的眼光中，他们却也有了"穷人"的征兆，或是他们工作已长达数年，不仅既没有自己赚上多少钱，也没能为后代提供优裕的生活与学习条件，而且还全然没有升职加薪的美好前景。相反，那被公司炒鱿鱼的阴影，却常常笼罩在他们的头顶。而在今天这个社会，如果没有了工作，也就意味着在向"穷人"的位置靠拢。

这类尚在各种公司职位上的打工者，大多是有着种种才华标志的聪明人，其高等学府的文凭亮出来，足以让那些做着体力劳动的民工们钦羡万分，他们或能熟练地说出外语，或可不费力地操作电脑，编制程序，或有对世界500强大企业情况了如指掌的专业水平，甚至能使各公司的人力资源主管们连连点头。然而工作多年，他们却始终没有能成为企业老总那样的富人，也没有能成为有车有房、以白领的舒适生活为标志的中产阶级，反而滑向"穷人"命运的危机，倒成为摆在他们面前的大问题。可是因为他们总是没能认真对待这个问题，所以他们成了一批有才华的"穷人"。

为什么才华这种"先进的生产力"在很多人的身上竟没能创造出相应的财富与成就呢？

也许可以套用政治经济学中的一个名词来解释：他们没能处理好自己面临的"生产关系"，他们对任何工作对任何创造都缺乏一种本不可少的敬业精神。

人的才华是通向财富之路的必要因素，但这还不是充分条件。

只有在一个诚心敬业的平台上，人的才华才能够发挥它巨大的"先进生产力"作用，从而转化为事业的成功之果。

然而，相当数量有才华有本领有能力的聪明人，轻视了才华必须赖以立脚的敬业精神之平台，甚至将敬业精神的本质当成愚笨呆板的表现，全然忽视不理，而以为凭他们的才华，就可以载运自己到达幸运之境地。那么，实现成功的重要基石——敬业精神到底是什么呢？

敬业精神对不同类型的成功者略有不同。欲做创业英雄的公司老板，就得能在物质与精神上吃得大苦，能耐得住奋斗中常有的寂寞；而那些登上舒适白领阶层高级职员位置，想做"打工皇帝""打工太师"的人，就得安心职守努力工作，摆正自己的位置，忠于付薪水给你的企业，并始终以此去赢得企业对你敬业态度的回报。

既想做创业公司老板，却又不能像老板那样没日没夜地思虑工作，不能像老板那样在孤独与寂寞中独力面临事业的压力，也不能像老板那样小心翼翼地对待与处理各种人事关系，这样，老板梦想恐怕永远也不会实现。

众所周知，浙江很多民营企业就是靠做一件只赚几分钱，甚至几毫钱的小商品，而演变为资产数亿的大公司的。20多年的尽心尽意的专业经营，以及扎扎实实诚心敬业带来的高质量，凭每只一分钱利润的打火机，温州一家民营企业今天竟能打败现代化的日本公司，杀入并占据日本市场；凭每支利润在"分"的前面还要加若干位小数点的饮料吸管，浙江一家民营企业的产品，竟已占据国际市场的几分之一。

人们常爱说机会，爱说运气。其实，即便没有大机会，没有大运气，只需敬业，此生你就不会做一个穷人。只需敬业，你也可能跃上企业大老板的成功地位。

## 招聘中不宜太高调，小心被"逆向选择"淘汰

企业竞争其实质是人才的竞争，在企业人力资源管理活动中，招聘作为一项经常性的工作而被企业开展，但是你知道招聘中的"逆向选择"吗？

在招聘的具体实践过程中，为了招聘到符合要求的员工，需要把应聘者区分开来；而应聘者为了得到满意的工作，从教育水平、工作经历、工作能力等各方面层层包装，向招聘企业传递各种信息。因此，招聘企业不得不主动或被动地采取各种手段对应聘者进行甄别和筛选，而应聘者在应对招聘企业甄别和筛选的过程中，也变得更加富于经验，致使招聘企业和应聘者双方都耗费了越来越多的成本，招聘的效率逐渐降低。

张娟娟是个再普通不过的应届毕业生，她去应聘一家外资公司的总经理助理。面试时，张娟娟发现当天一同面试的十来个人中不乏容貌秀丽的、气质高雅的，也有能力不凡、颇有资历的，而自己各方面的条件好像都处于劣势。但是令她深感意外的是，最后被录用的竟然是自己。后来，在单位工作了一段时间后，张娟娟才从当时面试自己的同事那儿探明了玄机。原来，当时打动面试官的正是自己所认为的"劣势"。相比于其他外表光鲜、口若悬河的求职者，面试官认为张娟娟态度真诚、谈吐适当，简历

也是真实可信的，而且最重要的是，张娟娟让面试官感受到了她性格中细腻、严谨、认真的一面，也感受到了她是个负责任，肯踏踏实实安下心来干事的人，更重要的是，面试官发现张娟娟对应聘岗位的理解很有自己的一套——从多个角度分析了这个岗位适合自己。

求职过程中适当地包装自己是必要的，但展现一个真实的自己，尤其是将自己的个性、气质、能力中独特的一面，以及个人的职业生涯规划充分展现出来，将更加重要。

一般而言，在信息对称的情况下，级别不同的企业会招聘到能力不同的人才，优秀的企业容易招聘到能力高的人才；同样，能力不同的人才会落户到不同级别的企业，高能力人才容易受聘到优秀企业。但由于信息的不对称，最终会导致"逆向选择"。

在人才招聘过程中，企业只能通过人才递交的简历表和对人才进行笔试、面试来获取对方的相关信息。但对其实际工作能力、工作热情和长期打算却不甚了解，而且已获取信息又面临着虚假成分的风险。相对而言，人才对自己的学历、业务水平、偏好、信用等信息却十分清楚，而且对所应聘企业及其职位亦认识深刻。企业并不知道应聘人才的真实能力，只知道应聘人才的平均能力及不同能力人才的分布。

假设一批能力不同的人才到企业应聘。如果信息是对称的，各个人才的能力是共同信息，企业和人才都会根据人才的能力高低提出自己的要求，从而各种受聘都可以实现，达到均衡。但在现实社会中，信息是不对称的，招聘企业并不知道应聘人才的真实能力。在这种情况下，招聘企业只能根据应聘人才的平均能力来确定聘用的人才和给予其待遇。假定人才有两种类型：Q=4000（高能力）和Q=1000（低能力），企业遇到两类人才的概率为1/2。如果信息是对称的，企业代表会在不同的工资水平上雇用到相应的人才。但由于信息不对称，企业就只能按照平均能力Q=2500出资，并希望能雇到高能力人才。但在此工资下，高能力人才将退出应聘过程，招聘市场上只留下能力程度较低的人才，这样，人才的平均能力就会下降。理性的招聘企业知道这一情况以后，便会降低给予应聘人才的待遇。结果造成更多的较高能力的应聘人才退出招聘市场，如此循环下去，形成"劣币驱逐良币"现象，即低能力人才对高能力人才的驱逐。这便是人才应聘过程中的"逆向选择"。"逆向选择"的结果，一方面是低能力人才获得了较高待遇，另一方面是招聘企业承担了较高招聘成本而无法获得高能力人才，最终导致风险和收益在分担与分配上的不对称。

每年的大学生求职高峰，都有一批大学生"训练有素"，面试时一味包装自己迎合面试官的录用偏好，导致用人单位在面试时"雾里看花"，很难了解毕业生的真实想法和需求。而一旦毕业生进入公司后，用人单位往往会失望地发现，入围者也许并不是他们需要的人，从而造成双方的损失。

专家认为，求职者面试过程中的过度包装很可能引起毕业生就业市场的"逆向选择"。企业的面试官们不但不再相信那些把自己"包装"得十分完美的求职者，而且还可能产生逆反心理，反而使在招聘中面试装扮、技巧并不那么"完美"的应聘者有可能获得更多的机会。

## 老板裁员与减薪的逆向权衡

经济增长放缓的预期已经形成，减薪成了不少企业"过冬"的一大手段。企业面对不景气的经济，却要力争就业的景气，颇感压力，减薪不裁员成了折中的方法。

后周世宗柴荣是五代时期后周的第二个皇帝，又称柴世宗。当时，由于长期割据混战，各朝从未在军队人数上加以整编。到了后期，军兵人数虽多，但是因为有很多老弱病残，战斗力并不强。因此，柴荣决心整顿精减军队。礼部尚书、宰相王浦劝阻说："现在军中传言陛下大幅度精减军队，有违历朝成规和先帝的旧制。"

柴荣解释说："这些军队因为是数朝相承下来，以前对他们都尽量姑息，也不进行训练和检阅，因此老弱病残很多。而且这些老兵骄横难驯，在遇强敌时不逃即降，实际并不可用。兵在于精而不在于多，今日一百个庄稼汉尚且不能养活一个士兵，怎么能用民众的膏血，白养着这些无用的废物。况且，如果仍然对军中能干的和怯懦的士兵一视同仁,又怎么能激励众将作战立功呢?"

他顶住朝中大臣的压力,宣布整编军队。他一方面下令赵匡胤等负责向全国招募勇士,另一方面亲临校场大禁军。通过数日比武,周世宗下令体格强壮、武艺出众者升为上军,给予丰厚的军饷,老弱病残和怯懦者统统发给盘缠遣散回家。其中,在作战中表现极差的侍卫马步军,被裁撤将近一半,从八万人减到四万人。殿前司本来人少,后来仅仅剩下一万五千人。

据旧史记载,整编裁军不仅大大缩减了供养军队的费用,而且为柴荣提供了一支精锐的军队,战斗力之强是五代以来所没有过的。后来柴荣虽然英年早逝,但是赵匡胤兄弟却凭借着这支军队,凭借着因此而积累下的农粮财富,完成了统一中原的大业。

事实上,柴荣进行裁军的一番考虑,充满了对于"逆向选择"的深刻认识。这种认识,对于当前经济危机中面临裁员还是减薪选择的公司管理者是很有教益的。

中国铝业2008年的净利润出现了大幅下滑,大概下降50%,而在2007年,中铝实现了逾100亿元的净利润。"活下去才是硬道理!"中国铝业公司用这样一句话来讲述全球金融危机下的中铝。

活下去的手段可能是多种多样的,在中铝,其中的一招即是对24万名员工进行减薪。具体的方案为:普通员工减薪15%,

科级领导减薪20%，处级领导减薪30%，分公司领导减薪40%，公司高层领导将减薪50%。

业绩堪忧，减薪潮起，高管带头降薪已是趋势，而三一重工的调薪方案更有可圈可点之处。

三一重工日前表示，对于普通员工"不裁员、不减薪、不接受员工降薪申请"，而三一集团全体董事则降薪90%，并接受高管自愿降薪申请。集团实际控制人、三一重工董事长只领1元年薪。三一减薪，高管以身作则，而普通员工是否减薪，取决于自身的权衡。在这一方案中，企业获得了弱市出击的资金，员工也尝到甜头，而高管的表率行为则可能获得员工的掌声和支持。

与三一重工相反，"寒冬"下的阿里巴巴则逆势加薪。马云逆势对全体员工加薪，鼓励大家去花钱消费。"去花钱！！去消费！！！"马云在对全体员工加薪的内部邮件中一连用了5个惊叹号。这封阿里巴巴内部邮件着实让业界吃了一惊。在面临经济大环境空前困难之时，公司仍然提出了2009年加薪和2008年丰厚年终奖计划。

马云在邮件中给全体员工的解释是，越是在困难时期，公司资源越应该向普通员工倾斜，紧迫感和危机感首先要来自公司高层管理者。实际上，目前以外贸为主的阿里巴巴受到世界经济衰退影响颇大，不过，阿里巴巴刚刚斥资549.78万港元回购100万股。分析认为，这显示出马云对于电子商务行业能够摆脱低迷的自信。而此次在人事方面的逆势涨薪，显示出马云在企业管理方面的特立独行。

阿里巴巴的这一举动与其营利相关，也与其向客户示强有关。如果企业现金流稳定，在此一片萧条的时点上无疑能够起到稳定军心、鼓舞斗志的作用。高管不加薪则为其获得了不少形象分。

我们不应该只看到马云逆势给员工加薪、梁稳根不拿工资这些表面现象，而应该看到，马云投资3亿元扶植中小企业，三一重工造出66米泵车打破世界纪录。这样的动作恐怕比拿"1元年薪"更让投资者欢欣鼓舞。

看"1元年薪"背后。苹果公司的乔布斯为重振公司拿过"1元年薪"，克莱斯勒的李·艾科卡为拯救企业拿过"1元年薪"，但是这些商业传奇的关键不在于"1元"而在于"1元"背后企业明确的战略和高效的执行。

## 如何避免"逆向选择"

在困难的日子里，人们都很清楚该如何做，可在安稳的日子里怎样生活而不至于堕落无聊？这对于我们来说也是个很重要的问题。

"逆向选择"经常是因为信息不对称而引起的，要避免"逆向选择"，就必须依赖信息。为了说明信息的价值，来看下面这个案例。

一位老板想奖励一位员工 A，并打算惩罚员工 B 或者员工 C。于是他告诉 A，他可以从 B 或 C 的皮夹里拿走所有的钱。老板并没有讲这两个人的皮夹里各有多少钱，他只说 B 的皮夹里有 14 张钞票，C 的皮夹里只有 9 张。

假设对 B 和 C 的皮夹就知道这么多，A 此时应该选哪个？

他应该选 B 的皮夹。因为它的钞票数量比较多。从自身的利益出发，A 所关心的应该是钱包里有多少钱，而不是有多少张钞票。但是他没有办法直接获得自己所关心的信息，只能靠皮夹中钞票的数量来推测钱数。也就是说，老板所提供的信息表面上看虽没有什么意义，但却有提示作用。一般来说，钞票数目越多就代表钱数越多，这个结论有可能并不准确，不过只要符合平均条件，就算是发挥了作用。

掌握的信息越多，越能避免"逆向选择"。当受客观条件的制约，掌握的信息有限时，就需要充分地利用有限的信息。如果说避免"逆向选择"一方面受信息充不充分这一客观条件影响，那么另一个更重要的方面就是人的主观态度，也就是看人怎样来面对顺境和逆境。

所谓顺境，就是在生活中因个人特点与生活环境相吻合而具有的美好情景。顺境和逆境是辩证关系，是一个互逆的动态过程。也就是说，随着环境和时间等条件的变化，顺境可能转变为逆境，反之亦然。人们应做到：在逆境时振作精神，奋力拼搏，并积极寻找新的突破口；在顺境时认真分析自己潜在的不足，并抱着积极的态度努力挖掘改造，切忌夜郎自大。同时要注意以下几个方面的问题。

1. 自以为是，目中无人。在人生道路中，由于一切都太顺利了，比如从小学一直上到大学，没有落过榜，就很有可能瞧不起那些留过级、落过榜的人；因其行为从来没有受到过检验或者挑战，常把错误的东西当成正确的东西来对待，往往听不进别人善意的劝告，总以为自己的想法总是正确的。

2. 喜好奉承。因为在学业、事业上一直很顺利，也就很少被人指出其身上的缺点和不足。特别是一些当了一官半职的人，总认为自己能一路升迁，是由于自己的能力和有众多的人拥护。因而他们喜好奉承，听不进不对自己心思的话。这样使其最终在奉承中迷失了方向。

3. 忧患意识差。人无远虑，必有近忧。由于其生活道路一直很顺利，自己的一切来得容易，因而很难体验到身处逆境的人所体验到的那种艰难感。从而也不会做太多的"假如明天我失业了"等这样的假设，更不会为这些假设做心理上的准备。

4. 缺乏同情心。一个人如果长期生活在优越的环境之中，或者他所追求的一切都是很顺利地得到了，那么就很少体验到饥饿、挨冻是什么滋味，考大学不被录取是什么心情。正因为他们缺少这种体验，所以对别人的挨饿、受冻，对别人遭受的歧视和人生打击，就很难在心灵上产生共鸣。

5. 满足现状，不思进取。把一时的顺利看成一生的顺利，这样容易消磨创新的意志。在顺境中常想到逆境的人，才能在顺境中成长，在逆境中不乱。

那么如何在安逸的环境中不断磨炼个人的意志力呢？

首先，要耐得住寂寞。当你生活在较为安逸的环境中时，空闲时间会比较多，这些空闲时间如何度过，如果耐不住寂寞，总想找个人陪伴一下，且觉得人越多就越开心、热闹，这样往往是经不起诱惑的。比如闲得无聊时，周围有斗地主、打麻将等很热闹的地方，总想去凑个热闹，进而养成恶习，玩物丧志。

其次，强制性地要求自己生活规律。人的生活规律一乱，一切就会随之而乱。因空闲时间较多，白天没什么事，晚上就成了夜猫子，一熬就是凌晨几点，早上一睡就是12点，久而久之就养成晚上不到凌晨几点就无法入睡的习惯，饮食也变得无规律。当真正有正经事时，习惯成自然，工作效率就会受其影响，计划与理想也随之而改变，人生的发展规律亦随之混乱。一切混乱了，其收效就变得微薄，自然就导致心灰意冷，万念俱灰，放弃奋斗。故无论如何，都要谨慎坚持，让良好的生活习惯不被打乱。

再次，充分利用自己闲余时间做一些对自己有意义的事情。安逸的生活闲余时间很多，其度过方式也有很多种，应尽量让自己的生活变得丰富多彩，不应用吃喝玩乐的方式来虚度太多的闲余时间。如出去旅游，开阔一下自己的眼界；去健身，强化自己的身体素质。这样不仅使空闲时间得到了有效的利用，而且使自身的综合素质也得到了提高，意志力也得到了循序渐进的提升。

常言道：逆境磨炼意志。其实，在顺境中有意识地利用现有的客观条件，去提升个人的意志力比逆境中更容易。反之，安逸的环境就只能是寄养腐蚀理想与人生的蛀虫了。人的一生真的很不容易，稍有不慎就会铸成大错而成千古恨，所以应时刻具备谨慎意识。

# 第四章

DISIZHANG

## 弱者如何四两拨千斤
## ——强者未必是最后的赢家

## "马太效应"与"赢家通吃"

"马太效应",是指好的愈好、坏的愈坏、多的愈多、少的愈少的一种现象。任何个体、群体或地区,一旦在某个方面(如金钱、名誉、地位等)获得成功和进步,就会产生一种积累优势,就会有更多的机会取得更大的成功和进步,从而导致赢家通吃。

"马太效应"来自于《圣经·马太福音》中的一则寓言。社会学家从中引申出了"马太效应"这一概念,用以描述社会生活领域中普遍存在的两极分化现象。

1968年,美国科学史研究者罗伯特·莫顿也提出这个术语,用以概括一种社会心理现象:"相对于那些不知名的研究者,声名显赫的科学家通常得到更多的声望,即使他们的成就是相似的。同样的,在同一个项目上,声誉通常给予那些已经出名的研究者。例如,一个奖项几乎总是授予最资深的研究者,即使所有工作都是由一个研究生完成的。"此术语被经济学界所借用，反映贫者愈贫、富者愈富、赢家通吃的经济学中收入分配不公的现象。

"马太效应"揭示了一个个人和企业资源的需求不断增长的原理，关系到个人的成功和生活幸福，是影响企业发展的一个重要法则。

"马太效应"在社会中广泛存在，尤其是在经济领域。国际上关于地区之间发展趋势主要存在着两种不同的观点：一种是新古典增长理论的"趋同假说"，该假说认为，由于资本的报酬递减规律，当发达地区出现资本报酬递减时，资本就会流向还未出现报酬递减的欠发达地区，其结果是发达地区的增长速度减慢，而欠发达地区的增长速度加快，最终导致两类地区发达程度的趋同；另一种观点是，当同时考虑到制度、人力资源等因素时，往往会出现另外一种结果，即发达地区与欠发达地区之间呈现"发展趋异"的"马太效应"。又如，人才危机将是一个世界现象，人才占有上的"马太效应"将更加明显，占有人才越多的地方，对人才越有吸引力；反过来，被认可的人才越稀缺。此外，在科学研究中也存在"马太效应"，研究成果越多的人往往越有名，越有名的人成果越多，最后就产生了学术权威。

正如一句古语所说，"多财善贾，长袖善舞"，谁拥有的资源越多，谁就越有可能获得成功，成为"赢家"。"赢家通吃"的一个明显特征是他可以借助自身的优势，成为竞争规则的制定者，企业产品的规格定位就经常有这种现象。比如，电子信息业因为行业较新，许多产品的规格尚未标准化。谁能建立标准规格或者跟对了赢家的规格，谁就是获利者。因此，厂商之间的竞争，有很大一部分是"规格之战"。

举一个最突出的实例。美国微软在个人电脑操作系统上的垄断地位，使得其在个人电脑软件的应用程序与规格上占有独享的优势，导致其他软件公司都难分一杯羹。虽然有很多软件开发商声称自己的产品在性能上超过了微软的产品，但人们还是普遍采用微软产品。这是为什么呢？

首先是微软的品牌效应与信誉度。从DOS到视窗系统，微软一直占据着大量的个人电脑操作系统的市场份额，这为它积累了巨大的财富。其次是微软产品要比其他产品有更好的兼容性。微软产品自身的强大功能固然是一个原因，但更重要的原因是绝大多数硬件、软件开发商都不会另搞一套与微软"不兼容"的产品或系统，换句话说，微软可以不必考虑与别人兼容，而别人一定得考虑和微软兼容。微软已经成了"电脑时代""数字化生存"的代名词，这是一笔巨大的无形资产。而影响力不大的产品，性能再优越，也享受不了这种待遇。

由于多方面的巨大优势，微软可以轻而易举地将可能的威胁扼杀在摇篮里，可以用"暴力手段"挤垮对手，也可以用"温柔方式"并购对手，比如"微软拆分案"的导火索，就是微软通过把视窗系统与网络浏览器捆绑销售的手段将"网景"公司逐出了市场。这种横冲直撞的竞争方式虽然显得有些粗暴，但极为有效。这正是微软在电子信息行业处于谁也不可动摇的垄断地位的原因。

"马太效应"体现在个人身上,也就是所谓的强者越强,弱者越弱。一个人如果获得了成功,什么好事都会找到他头上。大丈夫立世,不应怨天尤人,人最大的敌人就是自己。态度积极,主动执着,那么你就赢得了物质或精神上的财富,获得财富后,你的态度更加强化了你的积极主动性,如此循环,你才能把"马太效应"的正效果发挥到极致。

## 初始者不争输赢,只为成长

成长是一个积累的过程,成功是成长过程上的节点,没有成功节点赖以依附的过程——成长,就没有成功,成长是一种内在本质,成功只是一种外在形式。因此,我们应该注重成长、淡化成功。

成长和成功,在人们眼中都是充满光环的字眼,尤其是对于正处于人生起步阶段的年轻人来说,更是充满诱惑。成功是一种结果,成长则是一个过程。成功可能缘于偶然,但成长必须是常态的积累。健康的成长必将收获预期的成功,成长其实比成功更重要。

许多新入职场的新人都关注着自己什么时候能晋升,其实当你的目光总望着远方的时候,无疑脚下会走不稳;当你太关注成长的结果时,就必然会疏忽成长的过程。实际上,成长重要还是输赢重要困扰着很多人。在我看来，成长是第一位的，最后的输赢是成长的结果。

从前有一棵苹果树。第一年，它结了10个苹果，9个被拿走，自己得到1个。对此，苹果树愤愤不平，于是自断经脉，拒绝成长。第二年，它结了5个苹果，4个被拿走，自己得到1个。"哈哈，去年我得到了10%，今年得到20%！翻了一番。"这棵苹果树心理平衡了。

但是，它还可以这样：继续成长。譬如，第二年，它结了100个果子，被拿走90个，自己得到10个。很可能，它被拿走99个，自己得到1个。但没关系，它还可以继续成长，第三年结1000个果子……

其实，得到多少果子不是最重要的。最重要的是，苹果树在成长！等苹果树长成参天大树的时候，那些曾阻碍它成长的力量都会微弱到可以忽略。真的，不要太在乎果子，成长才是最重要的。

成长无处不在，无时不有。虽然四季分明，春种夏长、秋收冬藏，但人们对成长的追求却没有一刻的停留。现在，"成长"已成为最通用的衡量标准。买卖股票要看"成长性"、选拔人才要看"成长潜力"、寻找工作要看"成长空间"，"成长"不仅意味着现在，更着眼于未来。

如果吃亏能让你得到比其他人更多的工作经验，更多的发展机会，那么吃亏也就是占便宜！这个年轻的大学生，在最初工作的时候，随意地被老板和其他员工指派，但就是在这个过程中，他积累了工作经验、人脉关系，在短短两年之后成功地开始了自己的事业。

德国著名诗人歌德曾经说过"每个人都想成功，但没想到成长"。在"成功学"泛滥的今天，我们这个社会有些浮躁，在"一夜暴富、一夜成名"故事炒作的推波助澜下，现实生活中很多人都期待用成功的奇迹来点缀生命，却不去关注自己的成长。其实，成功形于外，成长寓于内。成功只是人生的一两个节点，表现于外在，由别人去评论；而成长是个持续的过程，是内在的。一个人可以不成功，但不能不成长。在成长这个过程中，我们会经历很多，感悟很多，收获很多。珍惜自己的成长过程，才会让自己变得成熟，变得优秀。同时，成功的模式不是固定的，成功的标准也绝非一元化的。成功可能是创造了新的财富或技术，可能是为他人带来了快乐，可能是在工作岗位上得到了别人的信任，也可能是回归了自我，找到了真我。成功就是在成长的道路中了解自己，发掘自己的目标和兴趣，努力不懈地追求进步，让自己的每一天都比昨天好。

## 先认清时局，再扭转局面

企业必须认清时局，反观自己，时机到来，就重拳出击，这样才可能以小变大，化弱为强。要认清时局，需要对自己和对方都能够看得清，认得准，知己知彼，才能百战不殆，胜出全局。下面是一正一反两个例子，相信能给你提供一定启迪。

俗话说，"识时务者为俊杰"，聪明人首要的是看清时局。局势认清了，才是扭转局势的基础和前提。事实上，只有看清了局势，才能利用客观时局要素积极准备条件，再改变局势，否则，扭转局势只能是毫无根据的空口大话。东汉末年，当关羽死于东吴谋害，刘备无视当时鼎立局势，强行伐吴，结果只能是反受局势所困。

香港电灯是香港第二大电力集团，1890年12月1日开始向港岛供电，一直是香港的主要电力供应商。随着二战后九龙、新界人口激增，工厂林立，它后来居上，升为香港第一大电力集团，赚得盆盈钵满后，还筹划向广东供电。

经济的发展使电力的需求旺盛，所以香港电灯公司的收入非常稳定，加上香港政府准备实行鼓励用电的制度，用电量越多就会越便宜，所以，香港电灯公司的供电量将会有大幅的增长，盈利自是水涨船高。

香港电灯是拥有专利权的企业，不可能会有第二家电力企业在香港与其竞争。可以说，在香港电力市场上，香港电灯处于垄断的地位，能够确保盈利的稳定，这正是李嘉诚青睐香港电灯的主要原因。香港电灯的诸多优势，使众多商家垂涎欲滴，跃跃欲试。除了李嘉诚的长江实业外，英资的怡和实业以及佳宁等资力雄厚的大集团，且已经开始采取行动。虽然李嘉诚对于香港电灯渴望已久，但是面对强敌，他坚持以退为进，避免正面交锋的策略。他是在静观其势，寻找机会。

1982年4月，市面有了置地公司即将着手收购香港电灯的风声。人们都以为长江实业(集团)有限公司、佳宁集团也会参与竞购，所以香港电灯、置地、长江实业(集团)有限公司、佳宁集团的股票都被炒得很高。1982年4月，置地公司准备收购香港电灯的消息，在市面上已经成了公开的秘密。4月26日，正值周一，香港股市一开市，置地公司便以锐不可当之势，一举收购了香港电灯2.22亿股股份。按照收购及合并委员会规定，超过35%的临界点就必须全面收购，持股量要过50%才算收购成功。所以为避免触发全面收购，置地将增购的股份控制在35%以下。置地重拳出击，最后以高出市价31%的条件，顺利完成了对香港电灯的收购。长江实业(集团)有限公司与佳宁欲竞购香港电灯的传闻立即化为乌有。佳宁集团此时也面临着危机，而长江实业(集团)有限公司并不急于出手，故意让置地的收购如愿以偿。置地在香港的急速扩张，使它的现金资源很快消耗殆尽，无奈之下，它开始向银行大举贷款，负债额高达160亿港元。

李嘉诚之所以暂时不采取行动，正是经过仔细分析和深思熟虑之后的结果，他认为此时自己出击的时刻还没有到来，置地支撑不了多长时间。精明的李嘉诚要等到置地筋疲力尽的那一刻，李嘉诚这样做是有道理的。他认为置地此时的收购行动，志在必得，士气正旺，如果与之碰硬，置地必会竭尽全力而战。以自己目前的实力，取胜的可能性很小，只能等待时机。所以最终，在置地筋疲力尽无计可施之时，李嘉诚终于认清了时局，一下扭转局面，低价收购了香港电灯。

之所以认清局势之后才能扭转局势，是因为只有认清了局势，才知道局势是顺还是逆，才知道有利局势时顺势而为，在不利局势时积极创造有利条件。

## 想咸鱼翻身，归根结底需要自身强大起来

要做赢家，取得主动，说到底要使自己强大起来，因为这个世界尊重强者，只有强大才能获得重视，形成影响。而你需要做的是，每天进步一点点，通过时间来慢慢积累。

在众多的成功人士之中，我发现他们最大的特点就是知道如何扭转失败的人生。他们困惑过、痛苦过、失败过。每个人都难免失败，失败并不可怕，关键是要展示出重塑自我的积极心态，扭转被动的人生局面，这才叫智者，这才叫强者。

俗话说："态度决定高度。"积极的心态、坚定的信心，是事业成功的一半。面对灾难，应对危机，更需要保持一颗每战必胜的信心和决心。信心不是凭空就能有的，它来自于实力，来自于自身的强大。

有时候对手会给你提出各种各样的条件，你虽然有一点动心，但是不管他怎么讲，你可能不会采纳，但是如果是一位比自

己强很多的对手跟你谈起,可能结果完全不同,为什么会这样?因为在这个社会,每个人都会尊重强者。强者无须更多说明,但是弱者就是苦口婆心有时也没有用。这是一个普遍的社会现象,你可以埋怨别人鼠目寸光,但是社会的现实又一次告诉每一个人:一定让自己慢慢地强大,哪怕每天只进步一点,这样才会被重视,因为自身强大是最好的语言。

有的年轻人可能会故作坚强,也可能靠一些行头来显示自己的能力,靠一些高深的言谈来显示自己的成熟,这些其实没有任何价值。因为自身的经历、谈吐、学识不是可以装出来的。成熟的标志就是可以把自身真实的东西表露出来,做事情很理性,不会为情所困,也慢慢不会为爱感伤,甚至不再为爱痴狂。因为他知道自身的强大是最好的语言,无须更多说明,也无须任何解释!你可能在彷徨中等待,也可能在迷离中退缩,但是一定要记住一点,每天进步一点,每天要完善自己一下,那样可能你说话就越来越少,效率也会越来越高,因为有更多的人重视你,相信你说的每一句话。反之,你要不断地向每一个人解释,你要不断地表露决心,但是别人还是摇摇头,或者直接把你否定。为什么会这样呢?因为你不够强大,你不用埋怨别人,你自己也经常这样对待问题,学会换位思考就会理解这些问题。

和什么样的人在一起就会产生什么样的思维,因为人与人之间相互感染,和喜欢上进的人在一起,你学会了超越,敢于向命运挑战。如果你每天和保守的人在一起,你学会的是忍耐和退缩，因为你有一千个理由原谅自己，你会默默承受残酷的现实，相信自己的命运安排。中国的强大靠每一个公民的努力，那自身的强大靠谁呢？靠自己，相信自己，做最好的自己！

聪明的人是快速吸收别人的精华，向每一个人学习，不断地锻炼自己，因为自身的强大是最好的语言！

# 第五章
DIWUZHANG

## 信息迷局的交锋
## ——信息、创意、执行力
## 一个都不能少

## 信息决定博弈结果

掌握的信息越多,做出正确决策的可能性就越大。一句话,信息决定博弈结果。

《郁离子》中讲了这样一个故事:

楚国有一个以养猴为生的人,当地人称他为狙公。他白天必定在庭院将猴子分成几组,让老猴子率领它们到山里去,采摘草木的果实。猴子们把果实上缴了以后,狙公只拿出1/10来喂他们。如果有的交的数目少,还会被施以鞭杖。这些猴子很是惧怕,虽然十分痛苦,但是却没有任何办法。有一天正在采摘果实的时候,一只小猴子突然对众猴子问道:"山上的果实是狙公栽种的吗?"猴子们都回答说:"不是,天生的。"小猴子接着问:"既然这样,我们为什么要被他利用,并且受他的剥削呢?"小猴子的话还没说完,众猴子就都醒悟过来了。当天晚上,它们一起等狙公就寝后,拿出狙公平日积蓄的果实,呼朋唤友地进入了树林之中，不再回去了。狙公一夜之间变得一无所有，终于因饥饿而死。

在这个故事中，刘伯温把这位狙公比作玩弄权术的统治者，他评论说："人世间有以权术驱使民众而无道理和法度的人，就如同狙公一样吧。是民众没有完全觉醒，一旦得到启发，权术就到头了啊。"但是，把狙公之死仅仅归结于权术的破产是不够的。实际上，使他变得一无所有的，恰恰是由于信息不对称状态的改变。

诺贝尔奖获得者罗伯特·奥曼在研究中发现，博弈的参与人对信息的掌握通常是不对称的，如果博弈只发生一次，则无疑具有信息优势的人会获得出租信息的收益；但如果博弈是重复进行的，则今天利用信息寻租者必定会在寻租过程中泄露其所拥有的信息，信息不对称程度就会减轻，这又是重复博弈之所以会改进资源配置状态，使人与人的关系走向公平和谐的原因。

## 为什么劣币驱逐良币

劣币驱逐良币不只是一种偶然的现象，它有着存在的深层机制。这个深层机制就是信息不对称。

明朝嘉靖时，朝廷为了维护铜币的地位，曾发行了一批高质量的铜币，结果却使得盗铸更甚。为什么呢？原来在市场上流通的一般铜币质量远低于这些新币，盗铸有重利可图，治罪者虽多，却无法禁绝。私铸者还往往磨取官钱的铜屑以铸钱，使官钱也逐渐减轻，同私铸的劣币一样，而且新币被人收拢，熔化然后按照一般的较低的质量标准重铸，从中获利。

可是另一方面，如果政府铸造的金属币质量过低的话，同样会鼓励民间私铸。明代在 15 世纪中取消了对金属货币的禁令，却没有手段来保障铜币的供给，这导致了大量伪钱占领了市场，并引发了劣币驱逐良币的效应。

对于上述现象，从博弈论的角度可以得到一种全新的解读。我们可以利用美国经济学家乔治·阿克洛夫提出的著名的"二手车市场模型"来解读。

新古典经济理论的基础是完全竞争市场。在这样的市场中，资源能够得到最优配置，并能实现社会福利的最大化。然而现实中，完全满足上述假设的市场几乎是不存在的。二手车市场，就是这样一种信息不对称的市场。

阿克洛夫在 1970 年发表了名为《柠檬市场：质量不确定性和市场机制》的论文。在美国的俚语中，"柠檬"是"次品"或者"不中用产品"的意思。这篇研究次品市场的论文因为浅显先后被《美国经济评论》和《经济研究评论》两个杂志退稿，理由是数学味太少。然而它却开创了"逆向选择"理论的先河，他本人也于 2002 年获得诺贝尔经济学奖。

假设你刚刚来到一个城市，想要买一辆二手车，于是来到二手车市场上。你和卖车人之间对汽车质量信息的掌握是不对称的。卖家知道所售汽车的真实质量；但是你只知道好车最少要卖 6 万元,而坏车最少要卖2万元。要想确切地辨认出二手车市场上汽车质量的好坏是困难的,最多只能通过外观、介绍及简单的现场试验等来获取有关汽车质量的信息。而从这些信息中很难准确判断出车的质量,因为车的真实质量只有通过长时间的使用才能看出,但这在二手车市场上又是不可能的。所以,在你把二手车买下来之前,并不知道哪辆汽车是高质量的,哪辆又是低质量的,而只知道二手车市场上汽车的平均质量。

假定你的时间有限,或者缺少耐心,不愿反复讨价还价。你先开价,如果被卖家接受,就成交;否则,就拉倒。那么,你应该开价多少呢?开价6万元显然是太高了,因为这不能保证你买到好车,如果你希望买到好车的话;而如果你希望买到坏车,开价2万元(或者稍微多一点),就肯定有人卖给你。

也就是说,所有典型的买家只愿意根据平均质量支付价钱,出价4万元。结果是,二手车市场上汽车的平均质量降低,所以买家愿意支付的价格进一步下降。在均衡的情况下,只有低质量的汽车成交。

上面的这个例子尽管简单,但给出了"逆向选择"的基本含义:

第一,在信息不对称的情况下,市场的运行可能是无效率的。因为有买主愿出高价购买好车,市场——"看不见的手"并没有实现将好车从卖主那里转移到需要的买主手中。市场调节下供给和需求总能在一定价位上满足买卖双方的意愿的理论失灵了。

第二，这种"市场失灵"具有"逆向选择"的特征，即市场上只剩下次品，也就形成了人们通常所说的"劣币驱逐良币"效应。传统市场的竞争机制导出的结果是"良币驱逐劣币"或"优胜劣汰"；可是，信息不对称导出的是相反的结果"劣币驱逐良币"或"劣胜优汰"。

从上述分析还可以看出，产品的质量与价格有关，较高的价格诱导出较高的质量，较低的价格导致较低的质量。"逆向选择"使得市场上出现价格"决定"质量的现象。由于买者无法掌握产品质量的真实信息，这就为卖家通过降低产品质量来降低成本从而争取低价格提供了可能，因而出现低价格导致低质量的现象。

我们可以知道，信息不对称是导致"逆向选择"的根源。由于信息不对称在市场中是普遍存在的最基本事实，因而"二手车市场模型"具有普遍的经济学分析价值。

## 有时信息就是成功本身

当企业、个人面临激烈竞争时，必须要从市场调查入手，发现机会，确立竞争优势。但作为个人和中小型的企业，不可能长期依赖专业调研机构，我们自己该如何进行市场调查和信息收集呢？市场调查、信息收集是辨认市场机会、确立企业和个人竞争优势以及制定市场竞争战略的出发点，必须予以重视。

有一个古董商,他发现有一个人用珍贵的茶碟做猫食碗,于是假装很喜爱这只猫,要从主人手里买下。猫主人不卖,为此古董商出了大价钱。成交之后,古董商装作不在意地说:"这个碟子它已经用惯了,就一块儿送给我吧。"猫主人不干了:"你知道用这个碟子,我已经卖出多少只猫了?"他万万没想到,猫主人不但知道,而且利用了他"认为对方不知道"的错误大赚了一笔。

这才是真正的"信息不对称"。信息不对称造成的劣势,几乎是每个人都要面临的困境。谁都不是全知全觉,那么怎么办?为了避免这样的困境,我们应该在行动之前,尽可能掌握有关信息,人类的知识、经验等,都是这样的"信息库"。

再来看一个故事:

有一个卖帽子的人,有一天,他叫卖归来,到路边的一棵大树旁打起了瞌睡。等他醒来的时候,发现身边的帽子都不见了。抬头一看,树上有很多猴子,而且每一只猴子的头上都有顶帽子。他想到猴子喜欢模仿人的动作,于是就把自己头上的帽子拿下来,扔到地上;猴子也学着他,将帽子纷纷扔到地上。于是卖帽子的人捡起地上的帽子,回家去了。

后来,他将此事告诉了他的儿子和孙子。很多年之后,他的孙子继承了他卖帽子的家业。有一天,他也在大树旁睡着了,而帽子也同样被猴子拿走了。孙子想到爷爷告诉自己的办法,他拿下帽子扔到地上。可是猴子非但没照着做,还把他扔下的帽子也捡走了,临走时还说:"我爷爷早告诉我了你这个老骗子会玩什么把戏。"

这两个故事告诉我们：我们并不一定知道未来将会面对什么问题，但是你掌握的信息越多，正确决策的可能就越大。

在实际生活中，很多情况下并不都是这么理想化的。人寿保险公司并不知道被保险人真实的身体状况如何，只有被保险人自己对自身健康状况才有最确切的了解。求职者向公司投递简历，求职者的能力相对而言只有自己最清楚，公司并不完全了解。最常见的例子就是买卖双方进行交易时，对交易商品的质量高低，自然是卖方比买方更加了解。之所以有这些信息不对称的情况，是因为存在"私有信息"。所谓"私有信息"，通俗地讲，就是如果某一方所知道的信息，对方并不知道，这种信息就是拥有信息一方的"私有信息"。

某一商家的产品是否有严重缺陷，这样的信息往往只被能接近和熟悉这种产品的人观察到，那些无法接近这种产品的人却无从了解或难以了解。相反，如果一则信息是大家都知道的，或者是所有有关的人都知道的，它就叫作"公共信息"或者"公共知识"。"私有信息"的存在导致了"信息的不对称"，也就是某些人掌握的信息要多于其他的人。

比如一个女孩面对好几个追求的男生，这些男生的人品、上进心等信息对于这个女孩来说都是私有信息，女孩与追求的男生之间就存在着信息不对称的现象，因此这个女孩到底选择哪一个男生往往就带有很大的不确定性。

"私有信息"造成的信息不对称是一种事前的信息不对称，举个例子说，消费者到商家去买商品，在购买之前就不清楚商品质量的好坏。

然而，还有一种信息不对称是在一定的环境下，博弈的一方无法判断并观察到另一方未来的行为。在信息经济学中，这种别人难以判断或观察到的未来行为是一种隐蔽信息，特别称为"隐蔽行为"。比如，一个民营企业雇用了一个职业经理人，并授予此人极大的权力，然而这个资本所有者无法判断并观察到将来这个经理上任之后是否会偷懒甚至是将公司的利益据为己有。雇员并不能被全天候监督，他会欺骗雇主或偷懒的行为不可避免。这种行为就是隐蔽行为。

简而言之，隐蔽信息分为两大块：是事件（合同）前已经发生的和已经存在的有关事实，就叫作隐蔽特征；是事件（合同）后发生的有关事情，就叫作隐蔽行为。

正是因为参与博弈者掌握的信息并不完全，往往有很多私有信息的存在，其决策结果必然会有很大的不确定性。所谓不确定性，不管是对未来、现在或过去的任何决策，只要是我们不知道确切结果的都具有不确定性。不确定性可分为两大类：主观不确定性和客观不确定性。主观不确定性是指决策者由于有关资料的缺乏，而不能对事物的态度做出正确的判断。

总而言之，充分掌握对手信息，并为之制定相应的战略，成功的概率就会高得多。

## 抓小信息发大财

信息越少，机会越多。如何在看似既少又零碎的平常信息中发现机会，这是对投资者的一种考验。优秀的投资者往往能在看似平常的小信息里掌握商机，从而发展壮大。

吉姆·罗杰斯是一个在短短10年间，就赚到足够一生花费财富的投资家；一个被股神巴菲特誉为对市场变化掌握无人能及的趋势家；一个两度环游世界，一次骑车、一次开车的梦想家。

他21岁开始接触投资，之后进入华尔街工作，与索罗斯共创全球闻名的量子基金，1970年，该基金成长超过4000%，同期间标准普尔500股价指数成长不到50%。吉姆·罗杰斯的投资智能，数字已经说话。从口袋里只有600美元的投资门外汉，到37岁决定退休时家财万贯的世界级投资大师。吉姆·罗杰斯用自己的故事证明，投资，可以没有风险；投资，真的可以致富。

在下面这封投资大师吉姆·罗杰斯所写的信里，我们应该能有所启发。

亲爱的读者朋友：

你喜欢投资市场吗？你对投资有热情吗？当我21岁开始接触投资市场时，我就知道这是我这辈子最有兴趣的领域。因为喜欢，所以有热情；因为充满热情，所以我花很多时间在做研究，研究竞争对手、研究市场信息、研究所有可能影响投资结果的因素。

找到热情所在，就能找得到机会。所以每个人都要问问自己：最喜欢的领域是什么？如果喜欢园艺，就应该去当园艺家；喜欢当律师，就朝这个方向努力前进。不要管别人怎么说，也不论有多少人反对，反正只要是自己喜欢的，就去追寻，这样就会成功。

我强调"专注"，在做投资决策前，必定要做很多功课，也因此我并不赞同教科书上所说的"多元投资"。看看全世界所有有钱人的故事，哪一个不是"聚焦投资"而有的成果？

投资成功致富来自事前努力地做功课，因为做足了功课，了解投资的产品价格低才买进，所以风险已经降到最低。并不是分散投资就叫作低风险，如果你对于所投资的市场、股票不熟悉，只是把鸡蛋分别放在不同的篮子里，这绝对不是低风险的投资，谁说只有一个篮子会掉在地上。

就好比有人认为分散投资于50家公司，一定比投资于5家公司的风险低。但是真是这样吗？你不可能完全掌握50家公司的详细状况，相对来说，如果只集中投资在5家公司，就可以做比较仔细的研究。所以说，5颗鸡蛋放在一个相当稳固、安全的篮子里，一定比放在50个不牢固的篮子里要好得多。

我并不是一个喜欢冒险的人，相反地，我讨厌冒险，就是因为这样，我才要做很多功课。成功投资者的方法，通常是什么也不做，一直到看到钱放在哪里，才走过去把钱捡起来。所以除非东西便宜、除非看到好转的迹象，否则不买进。当然买进的机会很少,一生中不会有多少次看到钱放在哪里。

我不问为什么。所以我并没有任何导师,全部仰赖自己的研究与判断。

一旦我清楚地知道自己在做什么时,是不会有风险的。当然市场有可能在我决定投资,也投入金钱后继续修正,这时候我会回过头来检视,我究竟有没有彻底了解、做足功课,如果没有,那么风险是来自于我没有做好研究。倘若我确实做好功课,那么面对市场超跌的状况,我会投入更多金钱。所以风险高不高的症结在于有没有做功课,而不是集中投资就是高风险。

至于该怎么做足功课呢?那就要看是哪方面的议题。如果是跟栽培作物有关,就要去注意有多少农民、有多少库存农作物、这个领域谁在做什么规划、市场上有什么需求上的变化、是不是才播种、刚施肥……找出包括生产、需求的基本因素,事实上,这些问题可以适用到各种行业中。

另外,媒体也可以当作一个很好的指针,媒体向来是反映大众的看法、反映大家已经知道的事情,所以当媒体都在做类似的报导时,这就表示该项信息已经被充分传递了。

就好像1999年的时候,随便找一本杂志、一个广播或电视媒体,都在提".com"这个新经济带来的不同的投资思维,加上每个人都在投资".com",这就是一个强烈的信号。真正有价值的信息其实是充分不足的信息,当某些信息得花很多力气才能取得时,这样的信息才可帮助你获利。

所以说，大家都知道的信息，机会已经相当有限。像近几年，大家热烈讨论新兴市场，投资人就要去思考，新兴市场是否已经有反应了呢？大家是不是都进去投资了呢？如果你发现身边的人，都在买新兴市场的股票或基金，这就表示市场已经在反应了，想要从中获利，当然有限。

我还是要强调，信息愈少，机会就愈多。举个例子来说，当你翻开华尔街日报，你会发现整版都在讲股票、讲基金，但是商品信息却只有一小块，可见商品未被重视，这就是商品的机会所在。而且问问身边的人，有谁在投资商品？如果答案是极少数，这就更证明了商品的投资价值。

投资致富的轨迹在于，做自己喜欢的事，拥有热情，愿意不断地学习、做功课，发掘别人还没有看到的机会，这是我永恒不变的投资哲学，而从众是永远不会成功的。

## 市场选择如何"搭便车"

市场"搭便车"策略是小企业利用大企业的一个很好的策略，这一点尤其体现在广告效益上，大企业做了影响整个行业的广告后，小企业便能借势有所作为。

在小企业的经营中，学会如何"搭便车"是一个精明的职业经理人最为基本的素质。在某些时候，如果能够注意等待，让其他大的企业首先开发市场，是一种明智的选择，这时候有所不为才能有所为。

"搭便车"实际上是提供给职业经理人面对每一项花费的另一种选择,对它的留意和研究可以给企业减少很多不必要的费用,从而使企业的管理和发展走上一个新台阶。这种现象在经济生活中非常常见,却很少为小企业的经理人所熟识。

为了筹备北京亚运会,秦皇岛亚运村需要订购一批高档家具,这一消息传出后全国各地的著名家具生产厂家及一些香港厂商都想抢得这批订单,但当各厂家得知这批订货质量要求极严,而价格又偏低时,都因无利可图而纷纷退出了竞争,而建国家具厂经过慎重考虑后却接下了这批订单,因为他们看准了亚运会这个宣传自己品牌的平台,于是便加班加点赶制出了质地优良、设计新颖、价格合理的"海星牌"家具。然后,又通过亚运村各大新闻媒体的宣传,"海星牌"家具获得了良好的口碑,迅速名扬天下,并在全国20个省市建立了230个销售网点。

看来,企业经营者,特别是小企业经营者至少应该有耐心等待的头脑。

## 价格大战,谁是最后胜出者

我们经常会遇到各种各样的家电价格大战,彩电大战、冰箱大战、空调大战、微波炉大战……这些大战的受益者首先是消费者。每当看到一种家电产品的价格大战,占到便宜的消费者都会

"没事儿偷着乐"。

中国消费者对价格战已经是司空见惯了。从最早的冰箱大战到不久前的彩电大战，以及最近一触即发的空调大战，无一不是以降价作为最常用的竞争手段。

这几年，各类产品降价频频，价格战越打越猛，究其原因，影响的因素很多。行业的成长空间和价值空间的大小、技术进步速度的快慢、价值链的长短等都会影响产品价格的变动。例如早期的手机市场成长空间和价值空间都很大，手机的技术进步快，产业价值链长，每一款新的机型几乎都可以卖到很高的价格。随着行业竞争的加剧，技术进步的速度加快，从1998年至今，同样的手机价格已经降了60%以上。再如移动通信市场，随着竞争机制的引入，市场逐渐启动并步入正轨，市场的成长和技术的进步，使降价成为可能。

在这里，我们可以解释厂家价格大战的结局也是一个"纳什均衡"，而且价格战的结果是谁都没钱赚，因为博弈双方的利润正好是零。竞争的结果是稳定的，即是一个"纳什均衡"。这个结果可能对消费者是有利的，但对厂商而言是灾难性的。

从这个案例中我们可以引申出两个问题，一是竞争削价的结果或"纳什均衡"可能导致一个有效率的零利润结局。二是如果不采取价格战，作为一种敌对博弈论，其结果会如何呢？每一个企业，都会考虑是采取正常价格策略，还是采取高价格策略形成垄断价格，并尽力获取垄断利润。如果垄断可以形成，则博弈双方的共同利润最大。这种情况就是垄断经营所做的，通常会抬高价格。

另一个极端的情况是厂商用正常的价格，双方都可以获得利润。从这一点，我们又引出一条基本准则："把你自己的战略建立在假定对手会按其最佳利益行动的基础上"。事实上，完全竞争的均衡就是"纳什均衡"或"非合作博弈均衡"。

在这种状态下，每一个厂商或消费者都是按照所有的别人已定的价格来进行决策。在这种均衡中，每一企业要使利润最大化，消费者要使效用最大化，结果导致了零利润，也就是说价格等于边际成本。在完全竞争的情况下，非合作行为导致了社会所期望的效率状态。如果厂商采取合作行动并决定转向垄断价格，那么社会的效率就会遭到破坏。

价格战中根本就没有赢家，所有的参与者都会在价格战中伤筋动骨，这里面谈不上谁是赢家。如果企业希望通过降价的手段来增加产品的市场份额，除非它拥有30%或更多的成本优势，否则降价难免会触发一场自杀性的价格战。因为没有谁希望失去客户、销售量以及市场份额，降价几乎无一例外地会被竞争对手效仿，价格战的结果终将是两败俱伤。而且，价格战还会导致全行业利润的下降，影响行业发展的后劲。

利润相对于价格水平的变动是非常敏感的。以美国最大的100家上市公司的平均水平为例，如果价格降低1%，而成本与销售量保持不变的话，企业的利润会下降12.3%。实行降价的企业或许希望通过增加销售量来弥补降价造成的利润亏空。但在典型的价格战中，需求的增长幅度几乎不可能抵消价格的跌落对利润造成的损失。而且，企业的价格优势通常都是不长久的，因为削价毕竟是人人会用、最容易仿效的手段。想通过降价来达到大幅度增加市场份额的目标，往往都是白费力气。市场份额会一如往昔、保持原样，所不同的只是价格水平降了下来。

中国的消费市场上还经常发生这样的现象：频繁不断的降价使得消费者对价格无所适从，持币待购。消费者期待着价格的进一步下调，想等价格降到最底线，而不是急于抓住每次降价带来的机会。消费者心理价位的这种扭曲造成市场发展停滞、企业库存激增。这在不久的将来可能会引起更大的动荡，因为在价格降低的同时销量也降低了。这一后果对企业伤害的严重性我们应给予高度重视。

针对不同行业的产品，发生价格战的风险概率是不一样的，如果一项产品品种趋于单一化，则价格往往会成为购买因素中较重要的因素，这样就容易加剧价格竞争；如果市场上竞争者越多，价格透明度越高，则发生价格战的风险越大；同样，客户对供应商的选择比较自由，或是客户的价格敏感度较高，或是供应商成本不稳定或下降，则价格战的风险也会增加。

虽然，有错误信息的干扰，加之判断失误的决策引起价格战的概率较高。但是，我们仍可以构筑一道"防火墙"来保护公司经营的安全：

1. 对市场反馈信息要求证。企业收集到的竞争对手的价格情报，要通过其他渠道再求证，以求达到准确无误。建立企业情报收集系统，对竞争对手的一切行为做全面监控，并画出轨迹变化图，做出尽可能全面的分析。了解到竞争对手价格背后的促成因素，避免反应过激，造成企业不必要的资源浪费和伤害。

2. 将企业价格管理纳入营销战略管理之中。作为企业竞争战略的手段之一，将价格措施纳入企业长远的发展规划之中，将定价建立在科学、全面的分析基础之上，避免企业跟在竞争对手后面，处处被动，以至损害企业的将来。不论是企业产品降价还是涨价的销售手段，都要与企业营销战略规划的目标相配合。

3. 建立差异化的营销战略。在产品设计、功能、服务、促销、人员、渠道等多方面与竞争对手建立差异，避免雷同，使得客户能更快、更好地识别你、接受你。在产品宣传广告方面多做功能品牌宣传，少做价格强调。关注你的产品价值多于关注你的价格。

4. 在制定市场价格时，充分分析竞争对手的行为反应。在做临时清仓价格时，要做好完整的信息传递，避免引起对手的价格反击，造成双输的局面。

5. 稳定你的客户群，与主要客户建立联盟。与主要客户共同开发某一产品、某一市场或为主要客户提供一整套服务，使得客户牢牢地和你捆在一起，共同面对新的市场，以延伸你的价值链。

# 第六章
DILIUZHANG

## 谈判的妥协与折中之道
## ——让步最后也可能赢全局

## 为什么"和事佬"能签下单

"和事佬"能签下单，是因为他能赢得顾客的心。营销学里有句话说，顾客永远是对的。这正是"和事佬"成功签单所依赖的观念和态度。产品和服务的质量会影响顾客的签单决定，但最终决定顾客签单的是顾客的观念和营销者对顾客观念的认同。

事实上，"和事佬"的态度和行为符合企业营销活动以顾客为中心，以消费者需求作为营销出发点的观点。作为经营者，必须时刻牢记"顾客永远是正确的"这条黄金法则。"和事佬"不是去与顾客的陈旧甚至错误观念做斗争，而是理解和认同顾客的观念，因为他们知道，改变顾客的观念远比理解和接受顾客的观念要难。中国营销大师史玉柱就曾说过，不要试图去改变消费者的观念，因为改变一个人的观念简直比登天还难。

一般人乍听起来，似乎颇感"顾客永远是正确的"这句话太绝对了。"金无足赤，人无完人"，顾客不对的地方多着呢。但从本质上理解，它隐含的意思是"顾客的需要就是企业的奋斗目标"。在处理与顾客的关系时，企业应站在顾客的立场上，想顾客之所想，急顾客之所急，并能虚心接受或听取顾客的意见或建议，对自己的产品或服务提出更高的要求，以更好地满足顾客所需。事实上顾客的利益和企业自身的利益是一致的，企业越能满足顾客的利益，就越能拥有顾客，从而更能发展自己。

但顾客与企业并非没有矛盾，特别是当企业与顾客发生冲突时，这条法则更应显灵，更需遵守。当顾客确实受到损害，比如买到低质高价假冒伪劣商品，遇到服务不够周到，甚至花钱买气受，违反消费者利益等情况。此时，即使顾客采取了粗暴无礼的态度，或者向上申诉，都是无可非议的；当顾客利益并未受到损害，但顾客自身情绪不好，工作或生活遇到不顺心的事，抑或顾客故意寻衅闹事，此时，企业当事人应体谅顾客之心，给予耐心合理的解释，晓之以理，动之以情，导之以行，做到有理有节，既忍辱负重又坚持原则，一般情况下，顾客是会"报之以李"的。

## 谈判里的"斗鸡博弈"

"斗鸡博弈"是一种僵局，如不能变通，只能意味着要有一场你死我活的厮杀，最终两败俱伤。一种比较明智的做法是通过给予一方补偿以让他退让来打破僵局。当然，这要求双方都充分地换位思考，克服贪婪。

"斗鸡博弈"(Chicken Game)其实是一种误译。"Chicken"在美国口语中是"懦夫"之意,"Chicken Game"本应译成懦夫博弈。不过这个错误并不算太严重,要把"Chicken Game"叫作斗鸡博弈,也不是不可以。

两只公鸡狭路相逢,即将展开一场厮杀。结果有四种可能:两只公鸡对峙,谁也不让谁,或者两者相斗。这两种可能性的结局一样——两败俱伤,这是谁也不愿意经历的。另两种可能是一退一进,但退者有损失、丢面子或消耗体力,谁退谁进呢?双方都不愿退,也知道对方不愿退。在这样的博弈中,要想取胜,就要在气势上压倒对方,至少要显示出破釜沉舟、背水一战的决心来,以迫使对方退却。但到最后的关键时刻,必有一方要退下来,除非真正抱定鱼死网破的决心。但把自己放在对方的位置上考虑,如果进的一方给予退的一方以补偿,只要这种补偿与损失相当,就会有愿意退者。

这类博弈不胜枚举。夫妻争吵也常常是一种"斗鸡博弈",吵到最后,一般地,总有一方对于对方的唠叨、责骂退让,或者干脆妻子回娘家去冷却怒火。

"斗鸡博弈"强调的是,如何在博弈中采用妥协的方式取得利益。如果双方都换位思考,它们可以就补偿进行谈判,最后达成以补偿换退让的协议,问题就解决了。博弈中经常有妥协,双方能换位思考就可以较容易地达成协议。考虑自己得到多少补偿才愿意退,并用自己的想法来理解对方。只从自己立场出发考虑问题，不愿退，又不想给对方一定的补偿，僵局就难以打破。

1985年，在美国彼得斯堡的一家美式足球俱乐部里，发生了一场很有意思的球员薪水谈判。

球员弗兰克的代理人正在和球队老板谈判。此前，弗兰克在该球队每年能够拿到38.5万美元。一开始，事情进展得非常顺利。代理人要求1985年弗兰克的年薪要达到52.5万美元，老板同意了；接着代理人要求这笔年薪必须被保证，老板也同意了；然后代理人要求1986年弗兰克的年薪要到62.5万美元，老板思考后同意了；再接着代理人要求这笔年薪也必须被保证，这下老板不干了，并且否定了之前谈妥的所有条件。谈判彻底崩溃，弗兰克最后到西雅图的一个球队，年薪只有8.5万美元。

在这个谈判过程中，哪里不对劲了呢？代理人显得太过贪婪，并且在一次谈判中不断更新自己的要求。而真正的关键在于，谈判是一个战略性沟通的过程，这也是罗仁德对谈判的定义。你必须很好地管理谈判过程，在任何一次谈判中，你都不能只关注所谈的内容，而忽略对方在谈判之前已经有的正确答案，但是事实上，在谈判结束之前，并不存在正确的答案。因此，你需要花更多的时间来制定谈判战略。

妥协是实现谈判目的的最终手段。被称为"全世界最佳谈判手"的霍伯·柯恩曾经说过："为了实现谈判的目的，谈判者必须学会以容忍的风格、妥协的态度，坚韧地面对一切。"

有的谈判者在谈判过程中一再后退，连连让步，即使这样也未必能获得对方的好感，更别指望赢得谈判。经验丰富的谈判者都知道，为了达到自己预期的目的和效果，必须把握好让步的尺度和时机，至于如何把握，只能凭谈判者的机智、经验和直觉处理了，但这并不等于说谈判中的让步是随心所欲、无法运筹和把握的。

一、一次到位让步

在谈判的前一阶段，谈判一方一直很坚决地不做出任何让步，但到了谈判后期却一次性做出最大的让步。这种让步是对那些锲而不舍的谈判对手做出的。如果遇到的是一个比较软弱的谈判对手，可能他早就放弃讨价还价而妥协了，而一个坚强的谈判对手则会坚持不懈，不达目的决不罢休，继续迫使对方做出让步，他会先试探情况，最后争取最高让步。在这种谈判中，双方都要冒因立场过于坚决而出现僵局的危险。

二、坦诚以待让步

即在让步阶段的一开始就全部让出可让利益，而在随后的阶段里无可再让。这种让步策略坦诚相见，比较容易使得对方采取同样的回报行动来促成交易成功。同时，率先做出大幅度让步会给对方以合作感、信任感。直截了当地一步让利也有益于速战速决，降低谈判成本，提高谈判效率。

三、逐步让步

这是一种逐步让出可让之利并在适当时候果断停止让步，从而尽可能最大限度获得利益的策略。这种让步策略在具体操作时又有不同的形式：等额让步、小幅度递减让步、中等幅度递减让步、递增让步和大幅度让步等。

战国时期思想家庄子曾说过，斗鸡的最高状态就是好像木鸡一样，面对对手毫无反应，可以吓退对手，也可以麻痹对手。这句话里就包含着斗鸡博弈的基本原则，就是让对手错误地估计双方的力量对比，从而产生错误的期望，再以自己的实力战胜对手。

谈判可以说是一种像跳舞一样的艺术。这种艺术的成功并不是消灭冲突，而是如何有效地解决冲突。因为每个人都生活在一个充满冲突的世界里，这就需要博弈的运用，如果你能运用博弈，那么你就会在这场谈判中成为一个真正的成功者。

## 把对手变成朋友

谈判是双方利益的博弈，但好的谈判是双方都能接受和满意。因此，谈判时不妨在以各自利益为出发点的同时把彼此当成朋友。

2003年12月，美国的Real Networks公司向美国联邦法院提起诉讼，指控微软滥用了在Windows上的垄断地位，限制PC厂商预装其他媒体播放软件，并且无论Windows用户是否愿意，都强迫他们使用绑定的媒体播放器软件。Real Networks要求获得10亿美元的赔偿。然而就在官司还没有结束的情况下，Real

Networks 公司的首席执行官格拉塞却致电比尔·盖茨，希望得到微软的技术支持，以使自己的音乐文件能够在网络和便携设备上播放。所有的人都认为比尔·盖茨一定会拒绝他，但出人意料的是，比尔·盖茨对他的提议表示欢迎。他通过微软的发言人表示，如果对方真的想要整合软件的话，他将很有兴趣合作。

2005 年 10 月，微软与 Real Networks 公司达成了一份价值 7.61 亿美元的法律和解协议。根据协议，微软同意把 Real Networks 公司的 Rhapsody 服务包括其 MSN 搜索、MSN 讯息以及 MSN 音乐服务中，并且使之成为 Windows Media Player 10 的一个可选服务。

类似的故事也曾经发生在微软和苹果两大公司之间。

自 20 世纪 80 年代起，苹果和微软就一直处于敌对状态，为争夺个人计算机这一新兴市场的控制权展开了激烈的竞争。到了 20 世纪 90 年代中期，微软公司明显占据了领先优势，占领了约 90% 的市场份额，而苹果公司则举步维艰。但让所有人大跌眼镜的是，1997 年，微软向苹果公司投资 15 亿美元，把它从倒闭的边缘拉了回来。2000 年，微软为苹果推出 Office 2001。自此，微软与苹果真正实现"双赢"，合作伙伴关系进入了一个新时代。

上面两个故事都发生在比尔·盖茨身上，绝对不是一个巧合，因为它们都来源于比尔·盖茨对商机的把握和设计，以及与对手握手言和的处世智慧。一般人面对敌人或对手的时候，采取的态度是不屈不挠，咬紧牙关，迎面而上，决不退缩。这也是红眼斗鸡们的共识。但是真正明智的人会选择另一种方式，站到敌人的身边去，把敌人变成自己的朋友。

一个牧场主养了许多羊，他的邻居是个猎户，院子里养了一群凶猛的猎狗。这些猎狗经常跳过栅栏，袭击牧场里的小羊羔。牧场主几次请猎户把狗关好，猎户不以为然，只是口头上答应。可没过几天，他家的猎狗又跳进牧场横冲直撞，咬伤了好几只小羊羔。

忍无可忍的牧场主找镇上的法官评理。听了他的控诉，法官说："我可以处罚那个猎户，也可以发布法令让他把狗锁起来。但这样一来你就失去了一个朋友，多了一个敌人。你是愿意和敌人做邻居呢？还是愿意和朋友做邻居？"牧场主说："当然是和朋友做邻居。""那好，我给你出个主意。按我说的去做，不但可以保证你的羊群不再受骚扰，还会为你赢得一个友好的邻居。"法官如此这般交代一番。牧场主连连称是。

回到家，牧场主就按法官说的挑选了3只最可爱的小羊羔，送给猎户的3个儿子。看到洁白温顺的小羊羔，孩子们如获至宝，每天放学都要在院子里和小羊羔玩耍嬉戏。因为怕猎狗伤害到儿子们的小羊羔，猎户做了个大铁笼，把狗结结实实地锁了起来。从此，牧场主的羊群再也没有受到骚扰。

生活在纷繁复杂的社会中，难免会与人发生对立和冲突，与这样那样的对手"狭路相逢"。在这些对手中，有的也许的确是蓄意阻挡你的前进道路，但大多却是由于阴差阳错或者因缘际会而产生的误会。因为一个理性的人都明白,挡住别人的去路,实际上自己也无法前进。在后面这种情况下,就不能讲究"狭路相逢勇者胜",而应该调整自己的姿态,避免因为针尖对麦芒而两败俱伤,并且要"一笑泯恩仇",化对手为朋友,甚至联手找到一条能让双方共同前进的道路。

## 让对方感觉自己胜券在握

在谈判桌上必须时时充满自信,有自信才能赢得谈判。只有在气势上压倒对方,然后又动之以情,采用一些虚实结合的招式,你才能轻而易举地掌控一场谈判。

人在谈判场上,必须掌握以下四个谈判技巧。

### 一、心怀豪气压倒人

谈判席上,抖擞的精神面貌至关重要。如果在谦虚的言谈举止间,流露出一股冲天的豪气,其勇气和胆魄,就会击倒对方的心理防线。而谦卑只会被视为无能,对方就会高高在上,接下来的情形,你将会节节败退。

张先生是某进出口公司销售经理,在一次与日本商人的谈判中,张先生慷慨地陈述了公司的产品及销售状况,并强调该产品在美国十分畅销。精明的日本商人被张先生这番话深深触动。一改"试试看"的心情,很快进入十分严肃的、正式的谈判主题。

## 二、虚实招式迷惑人

谈判有时会进入"马拉松式"的状态，迟迟不能达成协议。这时，要在洞悉对方的弱点和了解对方的底细后，步步紧逼，软硬兼施，刚柔相济，抛出利益相诱。

某文化公司的老总与国外的一家广告公司洽谈合作业务，对方不紧不慢，签合同的日子推了又推。文化公司的老总忍无可忍，透露出另一家广告公司也急于合作的消息，并开始玩"失踪"。欲耍太极的广告公司见玩出了火，好说歹说，匆匆签完合同，急急收场，以免夜长梦多。

## 三、真心相许感动人

在谈判中，存在着这么一些人，只顾漫天要价，毫不理会对方的感受，妄想一口吃成个胖子，把对方当成"咸水鱼"。这样只会令对方非常反感，有气度的对手虽然不表露，但却是铁定了心，绝不能与这种人合作。所以，要为对方设身处地想一想，不妨诚心一点，从关心对方的角度出发，以俘虏对方的心。

何经理在一个公司负责项目研究，项目出来后，他给研究人员开了个恰当的价，并且诚恳地告诉对方："我知道这个价格达不到你的期望，但请理解我现在只能开出这个价格，因为公司正处在起步阶段，资金比较紧张。我向你承诺，等公司发展起来，咱们以后的合作我将给出更让你满意的价格。"

何经理既设身处地地体会到别人的切实感受，又开诚布公地表明了自己的真实状况。正是这种感动人心的真情流露增加了其成交的筹码。

**四、因人而异决定报价**

一般情况下，如果你准备充分了，而且还知己知彼，就一定要争取先报价；如果你不是谈判高手，而对方是，那么你就要沉住气，不要先报价，要从对方的报价中获取信息，及时修正自己的想法；但是，如果你的谈判对手是个外行，那么，不管你是"内行"还是"外行"，你都要争取先报价，力争牵制、诱导对方。自由市场上的老练商贩，大多深谙此道。

当顾客是一个精明的家庭主妇时，他们就采取先报价的策略，准备着对方来压价；当顾客是个毛手毛脚的小伙子时，他们大部分都是先问对方"给多少"，因为对方有可能会报出一个比商贩的期望值还要高的价格，如果先报价的话，就会失去这个机会。

# 学会见好就收

贪婪是人性的大敌，每个人都要学会见好就收。

我国古人虽然没有明确提出"斗鸡博弈"一类的名词，但其原理在我国古代历史上早已经得到很好的应用了。

春秋时，楚国一直是南方的强国，公元前659年楚国出兵郑国。齐桓公与管仲约诸侯共同救郑抗楚。齐国和鲁、宋、陈、卫、郑、许、曹等国组成联军南下，直指楚国。楚国在大军压境的形势下，派使臣屈完出来谈判。

屈完见到齐桓公就问:"你们住在北海,我们住在南海,相隔千里,任何事情都不相干涉。这次你们到我们这里来,不知是为了什么?"管仲在齐桓公身旁,听了之后就替齐桓公答道:"从前召康公奉了周玉的命令,曾对我们的祖先太公说过,五等侯九级伯,如不守法你们都可以去征讨。东到海,西到河,南到穆陵,北到无隶,都在你们征讨范围内。现在楚国不向周王进贡用于祭祀的滤酒的包茅,公然违反王礼。还有前些年昭王南征途中遇难,这事也与你们有关。我们现在兴师来到这里,正是为了问罪于你们。"屈完回答说:"多年没有进贡包茅,确实是我们的过错。至于昭王南征未回是因为船沉没在汉水中,你们去向汉水问罪好了。"

齐桓公为了炫耀兵力,就请屈完来到军中与他同车观看军队。齐桓公指着军队对屈完说:"这样的军队去打仗,什么样的敌人能抵抗得了?这样的军队去夹攻城寨,什么样的城寨攻克不下呢?"屈完不卑不亢地回答说:"国君,你如果用仁德来安抚天下诸侯,谁敢不服从呢?如果只凭武力,那么我们楚国可以把方城山当城,把汉水当池,城这么高,池这么深,你的兵再勇猛恐怕也无济于事。"齐桓公和管仲本也无意打仗,只是想通过这次军事行动来增强自己的号召力罢了。所以他们很快就同意与楚国和解,将军队撤到召陵。

一个明智的博弈者无论是面对怎样的对手,在开始行动之前必须牢牢记住这样一个原则——见好就收。但仅此还不够,一个既明智又老到的博弈者事先必须估计到最坏的博弈结果,更高地警诫自己，更要遵循遇败即退的原则，以保存实力。斗鸡场上逼使对手让步可能会给人带来无比的愉悦和刺激，但是强中更有强中手，千万别把它当作永久的法宝。

## 商务谈判的说话要诀

成功的商务谈判都是谈判双方出色运用语言艺术的结果。

商务谈判是在经济活动中，谈判双方通过协商来确定与交换各种有关的条件的一项必不可少的活动，它可以促进双方达成协议，是双方洽谈的一项重要环节。商务谈判是人们相互调整利益，减少分歧，并最终确立共同利益的行为过程。如果谈判的技巧不合适，不但会使双方发生冲突导致贸易失败，更会造成经济上的损失。而商务谈判的过程就是谈判者语言交流的过程。语言在商务谈判中犹如桥梁，占有重要的地位，它往往决定了谈判的成败。商务谈判中除了在语言上要注意文明用语、口齿清楚、语句通顺和流畅大方等一般要求外，还应掌握一定的语言表达艺术。语言的艺术表达有优雅、生动、活泼、富有感染力等特点，在商务谈判中起到了不可估量的作用。因此在商务谈判中谈判双方应出色运用语言艺术及技巧。

### 一、针对性

在商务谈判中，双方各自的语言，都是表达自己的愿望和要求的，因此谈判语言的针对性要强，要做到有的放矢。模糊、啰嗦的语言，会使对方疑惑、反感，降低己方威信，成为谈判的障碍。

针对不同的商品，谈判内容、谈判场合、谈判对手要有针对性地使用语言，才能保证谈判的成功。例如：对脾气急躁，性格直爽的谈判对手，运用简短明快的语言可能受欢迎；对慢条斯理的对手，则采用春风化雨般的倾心长谈可能效果更好。在谈判中，要充分考虑谈判对手的性格、情绪、习惯、文化以及需求状况的差异，恰当地使用针对性的语言。

二、表达方式委婉

谈判中应当尽量使用委婉语言，这样易于被对方接受。比如，在否决对方要求时，可以这样说："您说的有一定道理，但实际情况稍微有些出入。"然后再不露痕迹地提出自己的观点。这样做既不会损伤对方的面子，又可以让对方心平气和地认真倾听自己的意见。

其实，谈判高手往往努力把自己的意见用委婉的方式伪装成对方的见解，提高说服力。在自己的意见提出之前，先问对方如何解决问题。当对方提出以后，若和自己的意见一致，要让对方相信这是他自己的观点。在这种情况下，谈判对手有被尊重的感觉，他就会认为反对这个方案就是反对他自己，因而容易达成一致，获得谈判成功。

三、灵活应变

谈判形势的变化是难以预料的，往往会遇到一些意想不到的尴尬事情，这要求谈判者具有灵活的语言应变能力，与应急手段相联系，巧妙地摆脱困境。当遇到对手逼你立即做出选择时，你若是说"让我想一想""暂时很难决定"之类的语言，便会被对方认为缺乏主见，自己从而在心理上处于劣势。此时你可以看看表，然后有礼貌地告诉对方："真对不起，9点钟了，我得出去一下，与一个约定的朋友通电话，请稍等5分钟。"于是，你便很得体地赢得了5分钟的思考时间。

**四、恰当地使用肢体语言**

商务谈判中，谈判者通过姿势、手势、眼神、表情等非发音器官来表达的无声语言，往往在谈判过程中发挥重要的作用。在有些特殊环境里，有时需要沉默，恰到好处的沉默可以取得意想不到的良好效果。

要实现良好的谈判效果，语言用词要准确、巧妙、有艺术性。下面举几个例子进行分析。

1. 不要说"但是"，而要说"而且"

你很赞成一位同事的想法，你可能会说："这个想法很好，但是你必须……"这样子一说，这种认可就大打折扣了。你完全可以说出一个比较具体的希望来表达你的赞赏和建议，比如说："我觉得这个建议很好，而且，如果在这里再稍微改动一下的话，也许会更好……"

2. 不要说"首先"，而要说"已经"

你要向老板汇报一项工程的进展情况，你跟老板说："我必须得首先熟悉一下这项工作。"想想看吧，这样的话可能会使老板（包括你自己）觉得，你还有很多事需要做，却绝不会觉得你已经做完了一些事情。这样的讲话态度会给人一种悲观的而绝不是乐观的感觉，所以建议你最好是这样说："是的，我已经相当熟悉这项工作了。"

3. 不要说"错"，而要说"不对"

一位同事不小心把一份工作计划书浸上了水，正在向客户道歉。你当然知道，他犯了错误，惹恼了客户，于是你对他说："这件事情是你的错，你必须承担责任。"这样一来，只会引起对方的厌烦心理。你的目的是调和双方的矛盾，避免发生争端。所以，把你的否定态度表达得委婉一些，实事求是地说明你的理由。比如说："你这样做的确是有不对的地方，你最好能够为此承担责任。"

4. 不要说"几点左右"，而要说"几点整"

在和一个重要的生意上的伙伴通电话时，你对他说："我在这周末左右再给您打一次电话。"这就给人一种印象，觉得你并不想立刻拍板，甚至是更糟糕的印象——别人会觉得你的工作态度并不可靠。最好是说："明天 11 点整我再打电话给您。"

## 不要把谈判逼到死角

谈判毕竟是合作，是为彼此共赢创造条件，因而在一定的范围内也得让步，让对手有利可图。

第一，事前充分准备是谈判成功的先决条件。千方百计尽可能搜集对方的资料和信息，全面立体掌握情报，组织顾问团队深入分析，客观判断，"知己知彼，百战不殆"。

有针对性地拟定上、中、下三套谈判方案，既相对独立，又能相互组合搭配，以适应谈判中的变化。从最坏处着眼，往最好处努力。

谈判团队应做到风格各异、优势互补。凌厉地打前锋，稳重地做后卫；既有唱黑脸的，又有唱红脸的。前后搭配、黑红组合。谈判之前一定要统一思想；谈判过程中必须统一指挥，步调一致，密切配合；结束之后及时整理归纳总结提高。

第二，尊重对手是取得竞争共赢的重要因素。"和气生财""诚信为本"是中华民族的传统经营理念。天下皆朋友，没有永久的敌人。在交通便捷、信息高速传播的今天，上午的对手下午或更短的时间内就有可能变成朋友，同时谈判两个项目都有可能既是对手又是朋友，人与人的关系因为生意相互交叉，错综复杂。

不要把对手当弱智，人的智力相差无几。不要忽视谈判对手中的任何一个人，每一个人都应得到应有的尊重，最不重要的角色不仅可能影响本次谈判结果而且将来都有可能变成主要角色，注意不要把谈判对手培养成潜在敌人。

不要想一口吃成胖子，欲速则不达。给谈判对手预留一定的利润或生存空间。亦要经常换位思考，替对手着想，立足竞争共赢。即使最具竞争性的谈判也需要一定的合作。

不到万不得已不置对手于绝境。对手破产了,没路可走时很可能破釜沉舟,鱼死网破,最后导致两败俱伤。逼对手走上绝路是最不明智的选择,最终自己早晚也会被逼上绝路。

第三,独特的谈判风格直接影响谈判成败。要将原则性与灵活性相结合。光有原则性没有灵活性,势必导致谈判僵局,无法进展和突破,最终破裂;光有灵活性而无原则性,势必造成过快让步,损失己方重大利益。即使谈成也易被上级否决或执行不了,终致"抹桌子"。

第四,时刻做到稳健、轻松。不管多紧张、多严峻的谈判,都应始终保持绅士风度,有板有眼,喜怒不形于色。一环紧扣一环,稳扎稳打,步步为营。

谈不下去时不强谈,及时休会,这也是在释放无形的压力。幽默、诙谐、风趣,这种风格不仅可以调节紧张的气氛,化解误会,缓和冲突,还具有很强的穿透力,形成人格魅力迅速感染对方,成为谈判中心,把控局势,赢得主动。

第五,胜不骄,败不馁。谈判结束即成历史,胜利只能说明过去,未来肯定更加严峻。失败不必懊悔,后悔没有任何意义;吃一堑长一智,来日方长;不经历风雨哪能见彩虹,不交学费难成谈判专家。

第六,正确的战略战术组合是谈判成功的关键。关于长期战略与短期战略。若是竞争性的"一次性"谈判,今后不会或不想再发生合作,"一锤子买卖",那就采取短期战略,就要狠一些,不达目的不罢休,争取利益最大化。若是立足今后长期合作,那就采取长期战略,在尽可能达成有利于己方最好协议的同时,留有充分的合作余地;有时取中间方案;必要时还可主动让步或放弃,取下策以换取长远利益,为未来合作奠定扎实的基础。

进攻战术与防守战术。一般需求方或利益受损方采用进攻型战术,供应方或获益方采用防守型战术。

"进攻"战术与"短期"战略经常搭配,"防守"战术与"长期"战略经常组合。有时为了迷惑对手,出奇制胜,也反其道而用之。不按常理,打破常规。正所谓"水无常形,招无定式",让对方开局就乱,疲于应付,取得先机,牢牢地控制谈判主动权。

第七,拥有坚持、创新、突破的能力是决定谈判成功的最终因素。办法总比困难多。逆(困)境考验意志和毅力,越是逆(困)境越应坚定信心,怨天尤人毫无意义,坐等一事无成,天上不会掉馅饼,利益不会自然来。最成功的谈判结果往往就在最后一刻的顽强坚持中,拂晓的阳光终究会划过黎明前的黑暗,这一信念对于谈判者至关重要。

目标要灵活而合理,为找到创造性的解决方案留有余地。有时制订一揽子计划,捆绑起来更易实现目标;即使放弃一些,得到的也比单独制订计划得到的要多。

多倾听团队成员的意见有利于在谈判困境中创新。有时好招出自善于思考、沉默寡言的人。绝不能忽视少数人的意见，真理有时就在他（们）脑中。

适当借助西方经济学模型进行科学分析可降低谈判创新中的误差。

借鉴中外谈判成功与失败的案例可减少谈判失误。有时历史会发生惊人地相似一幕，让我们规避失败，修正曾经犯下的错误。找到破局办法要果断出手，一旦有 60% 的胜算就毫不犹豫地决断并迅速行动。优柔寡断肯定贻误战机，最后错失一线破局良机，无法走出谈判困境。

## 谈判中讨价还价的博弈策略

讨价还价是谈判中一项重要的内容，一个优秀的谈判者不仅要掌握谈判的基本原则、方法，还要学会熟练地运用讨价还价的策略与技巧，这是促成谈判成功的保证。

**一、投石问路**

要想在谈判中掌握主动权，就要尽可能地了解对方的情况，尽可能地了解某一步骤，尽可能地了解对方的影响以及对方的反应如何。投石问路就是了解对方情况的一种战术。例如，在价格讨论阶段中，想要试探对方对价格有无回旋的余地，就可提议："如果我方增加购买数额，贵方可否考虑优惠价格呢？"然后，可根据对方的开价，进行选择比较，讨价还价。通常情况，通过任何一块扔过去的"石头"都能对对方进一步进行了解，而且对方难以拒绝。

## 二、报价策略

交易谈判的报价是不可逾越的阶段，只有在报价的基础上，双方才能进行讨价还价。

## 三、抬价压价战术

在谈判中，通常没有一方一开价，另一方就马上同意，双方拍板成交的情况，都要经过多次的抬价、压价，才相互妥协，确定一个一致的价格标准。由于谈判时抬价一方不清楚对方要求多少，在什么情况下妥协，所以这一策略运用的关键就是抬到多高才是对方能够接受的。一般而言，抬价是建立在科学的计算，精确的观察、判断、分析的基础上的，当然，忍耐力、经验、能力和信心也是十分重要的。

在讨价还价中，双方都不能确定对方能走多远，能得到什么。因此，时间越久，局势就会越有利于有信心、有耐力的一方。压价可以说是对抬价的破解。如果是买方先报价格，可以低于预期进行报价，留有讨价还价的余地，如果是卖方先报价，买方压价，则可以采取多种方式：

1. 揭穿对方的把戏，直接指出实质。比如算出对方产品的成本费用，挤出对方报价的水分。

2. 制定一个不断超过预算的金额，或是一个价格的上下限，然后围绕这些标准，进行讨价还价。

3. 用反抬价来回击，如果在价格上迁就对方，必须在其他方面获得补偿。

4. 召开小组会议，集思广益思考对策。

**四、价格让步策略**

价格让步的幅度直接关系到让步方的利益，理想的方式是每次做递减式让步，它能做到让而不乱，成功地遏止对方无限制要求本方让步，这是因为：

1. 每次让步都给对方一定的优惠，表现了让步方的诚意，同时保全了对方的面子，使对方有一定的满足感。

2. 让步的幅度越来越小，越来越困难，使对方感到我方让步不容易，是在竭尽全力满足对方的要求。

3. 最后的让步幅度不大，是给对方以警告，我方让步到了极限，也有些情况下，最后一次让步幅度较大，甚至超过前一次，这是表示我方合作的诚意，发出要求签约的信息。

**五、最后报价**

最后出价应掌握好时机和方式，因为如果在双方各不相让，甚至是在十分气愤的对峙状况下最后报价，无异于是发出最后通牒，很可能会使对方认为是种威胁，危及谈判顺利进行。当双方就价格问题不能达成一致时，如果报价一方看出对方有明显的达成协议的倾向，这时提出最后的报价，较为适宜。

当然，最后出价能够增强，也能够损害提出一方的议价力量。如果对方相信，提出方就胜利了，如果不相信，提出方的气势就会被削弱。此时的遣词造句，见机而行，与这一策略的成功与否就休戚相关了。

## "胆小鬼策略"和"让步之道"

谈判本质上是非零和的。任何基于冲突的谈判，若谈判失败，则双方都会受损；任何通过谈判达到的协议，对双方来说都会比未达成协议要好一些。适时让步也是一种良策。

让步是谈判达成"共赢"必不可少的，任何一方过于强势都不是最优策略。谢林讨论过两国军事对抗的例子。若一国先动员军队进入战备，另一国不动员战备，则先动员一方得益为a，不动员的国家得益为c；若两国都动员军队，双方剑拔弩张，则每国得益都为0；若两国都休战，则双方各得益为b。这里，$a > b > c > 0$。显然，如写成$2 \times 2$矩阵，这里有三个纳什均衡：(c, a)，(a, c)与混合策略均衡。而在混合策略均衡中动员军备的均衡概率$P = c$。谢林敏锐地指出，c是对方在我方先发制人时的得益，但这里，为了让先发制人方降低动武的概率P，也需要提高对方的得益c，而提高c就是先发制人一方对对方的让步！

在谈判过程中，对方强烈要求让步的地方，就是对方对于谈判利益的需求所在。在这个时候，如果能做出适当的让步，那么就有机会换取对方在其他方面的更大让步（记住：让步的同时是要对方在其他的方面也做出让步），所以，当对方对你火冒三丈或对你咄咄相逼的时候，也是对方的利益需求充分暴露的时候。比如说当一个员工对工资福利有很大意见的时候，对公司而言不一定就是一场危机，反而可能是一个机会，因为管理者可以通过对薪酬福利的让步换取员工更大的劳动积极性，怕就怕员工没有意见但也没有行动。

虽然许多谈判者也知道这个道理，但在谈判实战中往往提不出变换的谈判条件，这主要是对于己方需要获得的利益还没有一个多层面的、全面的把握。所以他们往往死抱着一个或几个谈判条件，要么使谈判陷入僵局，要么被迫做出让步而一发不可收拾。

围绕某一次谈判多发掘己方所需要获得的利益点，相互让步才可真正实现。灵活的让步促成谈判的成功、实现双方利益最大化。

某公司业务经理小张曾经谈过一个合同，作为供应方，小张的报价是220万元。经过了解，小张知道需求方能够接受的价格大概是170万元，中间有50万元的差距。谈判进行一段时间之后，双方争论的焦点集中在该谁让步，让多少的问题上。对方刚开始说可以接受120万元的价格。小张给对方的价格是9折，而对方提出6折的价格作为回应，对此，小张再从9折降到8.8折给出让步。实际上此时小张传达给对方的信息是：供应方价格让步的空间已经很小了，其让步幅度不是10%，而是2%。这样，小张就把对方的期望值降低了。

所以在让步的时候，一定要掌握适度让步的策略。关于适度让步，有很多小技巧，下面详细分析一下这些技巧。

一、在次要问题上做出让步

当谈判不得不做出让步时，要注意，一定是在次要问题上做让步，不能在主要问题上让步。在准备谈判目标的时候，要界定好哪些是主要问题，哪些是次要问题，同时在谈判开始时要设定让步的底线。另外，不要过早地让步，不要谈判一开始就让步。既然是谈判，那就应先谈而后再去判，再决定做事情。让步的时机要掌握好，过早了不行，太晚了对方会觉得你没有合作的诚意。

二、假设性提议

另外，更重要的一点，让步必须有所得，让步不是单方面的，一定是你让出一块，对方也要给你相应的东西，这是谈判的宗旨，实现"双赢"就要有舍有得。当然你舍弃的内容不是最关键的，而是次要的问题，但是对方舍弃的次要问题，对我们来讲是主要的问题，这就是一个交换过程。

三、一揽子谈判

在让步的时候，也可以做一揽子的谈判，也就是把很多内容夹杂在一起跟对方谈，比如他关心的技术问题、价格问题、付款问题、交货日期等，都可以放在一起谈，这样可以在次要的问题上做出比较大的让步，在主要问题上坚决不让。例如在谈价格的时候，对方肯定希望把价格和付款一起谈，不会是先谈好价格、折扣,再谈付款,这样在价格和付款上都得不到优势,但如果把价格和付款一揽子来谈,对方就可以做出很大的让步。所以可以用一揽子的谈判的方法,得到对方适度的让步。

**四、避免对最后提议的拒绝**

做出一定的让步之后,一定要弄清楚让步能不能得到相应的内容,如果做出了让步,遭到对方的拒绝,最后的提议被否决了,让步等于白让,所以要特别注意避免这一点。

## 关注长远关系,别为小利撕破脸

谈判是为了合作,合作才能"共赢",谈判要尽量在可接受的条件下促成合作。尤其不要为眼前的小利撕破脸,要看到长远的利益。当然,这并非意味着谈判要一味地退让,要让自己在谈判中占据适当的优势,需要一些相应的技巧。

年轻人向富翁请教成功之道。富翁拿了三块大小不等的西瓜放在青年面前问他:"如果每块西瓜代表一定程度的利益,你选哪一块?"年轻人毫不犹豫地回答:"当然是最大的那块!"富翁听了,笑道:"好,那请用吧!"富翁把最大的那块西瓜递给年轻人,自己则吃起了最小的那块西瓜。

很快,富翁吃完了小块西瓜,他拿起桌上那块第二大的西瓜,在年轻人眼前晃了晃,接着大口吃了起来。

年轻人马上就明白了富翁的意思!富翁吃的西瓜虽然每一块

都比年轻人的西瓜小，但加起来之后，却比年轻人吃得多。而如果每块西瓜各代表了一定程度的利益，那么富翁所占的利益自然要比年轻人多得多。

有很多时候，我们发现眼前的利益就是最大和最好的，而等到我们把事情做完后才发现原来还要耗费那么多的精力和时间。而如果用同等的精力和时间去做别的事情，虽然一下子没有那么大的利益，但是可做的事情却多得多，总利益也比做一件事情来得要多得多。要想使一个企业有大的发展，管理者就要有战略的眼光，要学会放弃，只有放弃眼前的蝇头小利，才能获得长远的大利。

成功的企业之所以成功，是因为他们的战略都是长期的，都是富有远见的。

杰夫教授是一名出色的谈判专家，他经常教导学生：谈判双方为了实现自己的利益，坐到一起，都应得到一定利益，也应该放弃一些预定的利益。如果一方希望不让对方得利，这种谈判注定是要失败的，除非这方占有绝对优势，对方根本没有选择的余地。

许多谈判者都因为在小利益上咄咄逼人而损失了整个交易。如果你已经做好了充足准备，你就能了解最重要的是什么，哪些是希望得到但并不必需的，哪些是可有可无的。如果你没有准备好，你可能会不知道重要问题之所在，于是把自己的努力浪费在对方看来微不足道的目标上。如果你使用"蚕食术"（即企图在谈判结束前再一点点"刮下"一些让步），或在对方已提供他们认为相当大的好处之后，仍得寸进尺地争取对方明确表示不能提供的条件，那么，这只会导致对方的不信任。

新加坡华裔客商李先生与我国某省粮油食品进出口公司洽谈大蒜生意。

首轮会谈中，我方公司报价出口每吨大蒜600美元，但是，对方李先生只愿出590美元购买。显然，双方在价格上有差距，谈判没有达成。两天后，谈判重新开始。由于大蒜收获期马上就要到了，如果这时候不能确定交易数量，错过了收获期，以后再收购价格必然上涨，而且质量也难以保证。我方公司权衡再三，最终决定同意接受590美元价成交。然而，出人意料的是，李先生没有接受我方的让步，他说："我的祖籍是山东，我们交个朋友吧。说心里话，这批大蒜卖590美元一吨，贵公司有点吃亏，我心里明白。做生意嘛，讲个来日方长，我以每吨595美元的价格全部成交。"

事后，李先生坦诚直言："多添5美元虽然使我们少赚了2万美元，但是公司将永远难忘这一次洽谈。我相信我们将来还会有合作的。"

几天后，李先生从青岛口岸得知要在月初才有去新加坡的航船，而李先生的这批货恰好错过了月初航船，他十分着急。因为他想在其他货主之前进货上市，卖个好价钱，就得提前装船。这时，李先生找到我方进出口公司请求帮忙直运上海，因为上海有近期到新加坡的货船。我方进出口公司鉴于李先生是一位值得长期合作的友好客户，就同意把大蒜直接由收购地收购后直运上海港，方便李先生装船出运。

从上例可见，我方在推销谈判中，鉴于大蒜是大宗货，且有季节性，让小利而保长远利益，做得十分成功。相反，如果死死抱住条件不放，则有可能丧失机会。

过分计较会惹人厌恶，但这个尺度并不那么好把握。为了避免表现得过于小气，最好是把较小的要求混在其他要求里，或者你也可以说明尽管这个问题不如已商讨过的问题重要，但你对它还是有些意见。然后，聪明地选择你的问题。

# 第七章

DIQIZHANG

## 勇做先锋还是巧妙跟风
## ——大猪与小猪的生存哲学

## 搭便车的小猪

笼子里面有大小两头猪，笼子很长，在笼子的一边有一个踏板，另一边是饲料的出口和食槽。踩下踏板之后就会有10份猪食进入食槽，但是踩下踏板之后跑到食槽边上消耗的体力则需要吃2份猪食才能补充回来。问题在于，踏板和食槽在笼子的两端，踩下踏板的猪从踏板处跑到食槽的时候，食物已经被坐享其成的另一头猪吃得差不多了。

在这种情况下，两头猪可以选择的策略有两个：自己去踩踏板或等待另一头猪去踩踏板。如果某一头猪做出自己去踩踏板的选择，不仅要付出劳动，消耗掉2份饲料，而且由于踏板远离饲料，它将比另一头猪后到食槽，从而减少吃到饲料的数量。

我们假定：若大猪先到（即小猪踩踏板），大猪将吃到9份的饲料，小猪只能吃到1份的饲料，最后双方得益为［9，-11］；若小猪先到（即大猪踩踏板），大猪和小猪将分别吃到6份和4份的饲料,最后双方得益为 [4,4];若两头猪同时踩踏板,同时跑向食槽,大猪吃到 7 份的饲料,小猪吃到 3 份的饲料,即双方得益为 [5,1];若两头猪都选择等待,那就都吃不到饲料,即双方得益均为 0。

那么,这个博弈的均衡解是什么呢?这个博弈的均衡解是大猪选择踩踏板,而小猪选择等待,这时,大猪和小猪的净收益水平平均为 4 个单位。这是一个"多劳并不多得,少劳并不少得"的均衡。

为了找出上述这个均衡解,我们可以按照"重复剔除严格劣势策略"的逻辑思路来分析。这一思路可以归纳如下:首先找出某参与人的严格劣势策略,将它剔除,重新构造一个不包括已剔除策略的新博弈;然后,继续剔除这个新的博弈中某一参与人的严格劣势策略;重复进行这一过程,直到剩下唯一的策略组合为止。剩下这个唯一的策略组合,就是这个博弈的均衡解,称为"重复剔除的占有策略均衡"。

从智猪博弈的收益矩阵中,我们可以看出:小猪踩踏板只能得到 1 份甚至损失 1 份,不踩踏板反而能得到 4 份。对小猪而言,无论大猪是否踩动踏板,小猪采取"搭便车"策略,也就是舒舒服服地等在食槽边,都是最好的选择。

由于小猪有"等待"这个优势策略,大猪只剩下两种选择:等待就吃不到;踩踏板得到 4 份。所以"等待"就变成了大猪的劣势策略,当大猪知道小猪是不会去踩动踏板的,自己亲自去踩踏板总比不踩强，只好为自己的4份饲料不知疲倦地奔忙于踏板和食槽之间。

也就是说，无论大猪选择什么策略，选择踩踏板对小猪都是一个严格劣势策略，我们首先要加以剔除。在剔除小猪踩踏板这一选择后的新博弈中，小猪只有等待一个选择，而大猪则有两个可供选择的策略。在大猪这两个可供选择的策略中，选择等待是一个严格劣势策略，我们再剔除新博弈中大猪的严格劣势策略——等待。剩下的新博弈中只有小猪等待、大猪踩踏板这一个可供选择的策略，这就是智猪博弈的最后均衡解，达到重复剔除的优势策略均衡。

上面讲的是有名的智猪博弈。大小两只猪的智斗，体现了以猪圈为背景的小社会中的博弈。故事中，小猪不参与竞争，而是舒舒服服地等在食槽边吃东西；大猪为一点残羹不知疲倦地奔忙于踏板和食槽之间。看起来，十分不公平，却反映了社会上普遍存在的一种现象，即搭便车现象。

关于搭便车所产生的问题，在曼昆的《博弈原理》第二版中讲到"搭便车"的故事时给出了解答。

美国一个小镇的居民喜欢在7月4日这天看烟火。设想这个小镇的企业家艾伦决定举行一场烟火表演，可以肯定艾伦会在卖出门票时遇到麻烦。因为所有潜在的顾客都能想到，他们即使不买票也能看烟火。烟火没有排他性，人人都可以看到。实际上，人人都可以搭便车，即得到看烟火的机会而不需要支付任何成本。

解决小镇问题的方法是显而易见的：当地政府可以赞助 7 月 4 日的庆祝活动。镇委员会可以向每个人增加 2 美元的税收，并用这种收入雇用艾伦提供烟火表演。

因此，政府可以解决这个问题。如果政府确信，总利益大于成本，它就可以提供公共物品，并用税收为它支付，使每个人获得"搭便车"的权利。

## 聪明人的成功经验

搭便车理论首先由美国博弈家曼柯·奥尔逊于 1965 年发表的《集体行动的逻辑：公共利益和团体理论》一书中提出。其基本含义是不付成本而坐享他人之利。

假如有一天过道灯坏了，你去换了一个灯泡，它在照亮了你的同时也照亮了你的邻居，虽然他们没有为此付费却得到了好处，那么对你来说，最平等的方法是让你的那些邻居们也为此付费。但你的邻居也许会告诉你他们宁愿让过道灯继续黑下去也不愿为此付费，尽管他们的本意并非如此，而是希望搭你的便车享受到免费的好处。但是，假如那个灯泡的市场售价是 50 元，会怎么样呢？100 元，或者是 10000 元呢？市场就这样趋近于失灵：假如没有任何外力作用，我们的过道灯多数都会黑掉。

社会中搭便车现象甚多，因为这是最符合以最小的成本获取最大收益的经济学原则。就像智猪博弈故事中的小猪，即使自己不踩踏板，一样可以吃到食物，为什么自己要去踩踏板呢？完全没有必要。能搭便车而不搭是一种资源的浪费，如果在智猪博弈里，那么大猪、小猪一起跑去踩踏板饲料落下的还是一样多，小猪的力气就白白浪费了，所以不踩踏板还是最明智的选择。因为不踩踏板照样可以吃到食物，还有可能因为不踩踏板而提前到达饲料出口，更快更多地吃到食物。所以搭便车行为是符合经济学原则的，符合帕累托效率的。帕累托效率认为几个事物的最佳处置是在不让其中任何一个变得更坏的情况下，而使自己变得更好，这种情况称为帕累托优化。搭便车恰恰是这样一种行为，聪明的一方搭了别人的便车，并利用别人的强势，后来居上。

关注 IT 市场的人大多知道 CPU 生产的两大巨头，英特尔和 AMD。但经过对这两家企业的观察我们可以发现，每次 CPU 升级都是从 AMD 开始的。比方说英特尔从奔腾 III 升级至奔腾 IV，最先炒作概念的是 AMD，当 AMD 将最新设计的高速 CPU 的各类广告在市场上投放一两个月后，消费者对产品的认识和购买欲都已经被充分地调动起来时，英特尔才突然宣布推出自己的相似产品，来"帮助"AMD 收割广告的果实。在这场斗争中，胜利者是英特尔，因为在 CPU 市场中，英特尔不仅占据 70% 以上的市场份额，拥有更强大的资金优势，最关键的是英特尔占据了消费者以及经销商心目中不可逾越的优势。在人们眼中，英特尔似乎永远是这个领域的领导者,因此,不论是 OEM 市场还是散件零售市场,英特尔都占据了天然优势。因此英特尔有把握让竞争对手先把市场预热后,再冲进来击败对手。

搭便车时弱者需要付出的成本很小,所获利润却与强者相差无几,因此往往是弱者跟强者之风,有时搭便车的弱者还可能会拖垮强者。英特尔和 AMD 的例子虽然特殊,但也符合帕累托效率,因为在此例中领先者虽然在竞争中失利(血本无归),但对市场竞争来说,这样的便车却有利于技术的进步,消费者得益会更多,使更多跟风企业变得更好。这当然是以领先者的成本付出为代价的,但相对于众多跟跑者收益的总和而言,还是有益的。这样的情况一般发生在实力相当的博弈者之间,是当一个企业用尽力气超过一个新的概念后,很多追随者会纷至沓来,虽然可能先出手的企业会赚得利润率最高时期的第一桶金,但由于需要支付高额的广告费用,受益更多的可能会是那些后来的追随者。一旦出现博弈各方实力相差悬殊的情况,弱小者虽然会得益,但其市场份额不足以挤倒领先者,不过如果众多后进者的力量联合起来,蚕食市场,其危险也是相当惊人的。比如当年的影碟机市场,最先开发出 VCD 的万燕公司由于开发成本耗尽了公司的资源而无力支撑宣传费用导致破产,被爱多搭了第一趟便车。而当爱多千方百计把影碟机在国内炒热后,发现真正赚到钱的已不是自己了,但高昂的宣传成本却使得自己再无还手之力。结果自己最先创新,却被自己的策略打得一败涂地,而搭便车的那些"小猪"们则占领了市场，使爱多公司对市场望洋兴叹。

总结以上"聪明人"的成功经验，看来，搭便车的确是一种实用的生活智慧，值得人们好好学习。

## 等待比进攻更有效

前秦与东晋的淝水之战，是一场典型的小猪与大猪之间的博弈。东晋十六国时期，前秦在统一北方后，不断向南扩张，在攻占东晋梁、益（约今陕西南部及四川）二州后，继占襄阳、彭城等地，急欲灭亡东晋，统一天下。

秦建元十九年（晋太元八年，公元383年）七月，秦王苻坚自恃国强兵众，不听群臣劝阻，下诏伐晋，在政权所及范围内征兵调粮，并做如下部署：命丞相、征南大将军苻融督统步骑25万为前锋，直趋寿阳（今安徽寿县）；命幽州、冀州所征兵员向彭城（今江苏徐州）集结；命姚苌督梁、益之师，顺江而下；苻坚亲率主力大军由长安出发，经项城（今河南沈丘）趋寿阳。几路大军，合计约百余万人，"东西万里，水陆并进"，大有席卷江南，一举扫平东晋之势。

面对前秦军队的攻势，东晋也做了下列防御部署：丞相谢安居中调度；桓冲都督长江中游巴东、江陵等地武装力量，控扼上游；谢石为征讨大都督，谢玄为前锋都督，率北府兵八万赴淮南迎击秦军主力。

10月18日，苻坚之弟苻融率秦前锋部队攻占寿阳，俘虏晋军守将徐元喜。与此同时，秦军慕容垂部攻占郧城（今湖北郧县）。奉命率水军驰援寿阳的胡彬在半路上得知寿阳已被苻融攻破，便退守硖石（今安徽凤台西南），等待与谢石、谢玄的大军会合。苻融又率军攻打硖石，结果惨败，晋军士气大振，乘胜直逼淝水东岸。

此时，苻坚登寿阳城头，望见晋军布阵严整，见城外八公山上，于秋风中起伏的草木，以为是东晋之伏兵，始有惧色。由于秦军逼淝水而阵，晋军不得渡河，谢玄便派人至秦方要求秦军后撤一段距离，以便晋军渡河决战。苻坚心存幻想，企图待晋军半渡，一举战而胜之，所以答应了这个要求。不料，秦军此时已军心不稳，一听后撤的命令，便借机奔退，由此而不可遏止。朱序等人又在阵后大喊："秦军败矣。"秦军后队不明前方战情，均信以为真，于是争相奔溃，全线大乱。晋军乘势追杀，大获全胜，苻融战殁，苻坚狼狈逃归，损失惨重。淝水之战以后，北方重新陷入动荡纷乱的局面，苻坚在两年以后也被其他部落首领杀害。

淝水之战，前秦实力强大，东晋相对弱小，如果完全照搬智猪博弈策略，小猪傻乎乎地等大猪踩踏板的话，那只有让人一口口吃掉。因为在智猪博弈中，大小猪有共同的目标，即食槽中的食物，也就是说他们的博弈，是一种利益地分配如何达到均衡，而不是一场你死我活的斗争。前秦与东晋的淝水之战，是谁吃掉谁的问题，因此，被动消极地等待是不合时宜的。东晋能够取得胜利，一方面是博弈一方前秦的冒失，另一方面是靠东晋突破囚徒困境，主动选择最佳时机，把握了主动权。

如果仔细计算，双方的实力其实是相当的，与其说是以少胜多，不如说是一场综合实力旗鼓相当的博弈。

首先，从双方实际参战的力量对比看，史料声称前秦有百万之众，但作为一个刚刚从长期战乱中统一的北方政权，这里面史学家吹嘘的成分居多，即使有，苻坚也不可能举全国之兵伐晋，至少要留一些驻守各地重镇。

其次，从内部的凝聚力来说，前秦远远不如东晋。前秦的苻坚是一个难得的治国安邦之才，他花费了三十余年的时间统一了北方，初步实现了民族融合，因此，他急欲实现全国统一。但这时候，全国统一的条件还不成熟。

再次，从战略战术上说，战争之初，苻坚犯了轻敌的毛病；在寿阳一役中，当他看到敌军军容严整时，又犹豫不前，产生了畏敌情绪；而且派朱序劝降，无异放虎归山，将自己的虚实全部暴露在敌人面前；最后，听信敌人之言，盲目后退，自乱阵脚。

淝水之战，晋军的胜利与其说是凭借自己雄厚的实力，还不如说是前秦苻坚的冒失，使东晋政权又苟延残喘了几十年。如果从前秦的角度来说，他采用智猪博弈策略来进行这场战斗，可能会处于不败之地，因为他实力强大，能够承受损失。

## 为什么有人主动做"大猪"

随着技术进步加快,研发费用在急剧上升。20世纪80年代末期和20世纪90年代末期在七大制造业中间,所谓全新概念、全新研发的产品翻了两番。一个新车从6000万美元翻到3亿美元,研发费用非常高。研发费用增加的情况下,折旧非常快,技术贬值的时间特别快。研发费用高而且技术折旧变得非常快。技术的复杂性在增加,很多产品在每一个制造增值的结点上都需要巨额的研发费用。

2008年我国液晶电视销售量达到1300万台。除了20英寸以下的显示屏国内可以自己供应外,其他均需要进口,我国电视机生产厂一直忍受着缺屏之痛。

中国家电厂商一直饱受高世代液晶面板稀缺之苦。2006年,全球液晶面板供不应求甚至直接导致中国液晶电视厂商集体败北。2007年,在液晶面板极度紧缺的情况下,三星、LG、Display等液晶面板巨头地联合涨价令国内电视制造商苦不堪言。

2009年11月16日,TCL集团宣布,与深圳深超科技投资有限公司(下称深圳深超)成立合资企业华星光电,双方将投资245亿元打造一条国内最先进的8.5代液晶面板生产线,TCL董事长李东生称,此举有望解决中国彩电"缺芯少屏"的现状。按规划,其设计产能为每月10万张玻璃基板,将在2011年年底试产。

我国的电视机生产是全世界第一，但却在"屏"和"芯"上受制于外国企业，中国实际上是在为外国公司打工。而国外大企业率先做研发，就是为了在源头上控制其他小企业。这就导致我们国家电视机在市场博弈中处处受制于人。所以，那些率先做研发，掌握先进科技的"大猪"，并不是笨而是精。

## 巧借外力是成功者的共性

"它山之石，可以攻玉。"如果说立足自身是成功的根本，巧借外力往往是成功的关键。尤其在今天这个强调合作共赢的社会，立足自我但不排斥外力是一种更加宽广、更加智慧的思维。

伟大的人物之所以伟大，之所以能成就一番事业，关键的一点，是善于借力。对此，亭长出身的刘邦当上帝王后，深有感触地自我总结道："运筹于帷幄之中，决胜于千里之外，我比不上张良；管理国家，安抚老百姓，保证物资供给，我比不上萧何；率百万大军，战必胜，攻必取，我比不上韩信。这三个人，都是人杰。我能用他们，这就是我能够取得天下的原因。而项羽呢？虽有一能人范增，但也不能好好利用，所以，他失败了，被我所擒。"

有这样一个故事：三只蚂蚁负有重要使命，必须过河。面对滔滔江水，蚂蚁不会游泳，如何过河呢？

第一只蚂蚁选择了架桥，它搬来了树枝、杂草，费了九牛二虎之力，结果，桥没架好，自己却被河水冲走了。

第二只蚂蚁选择造船，它同样充满信心，全身心地投入，忙得不亦乐乎。只可惜，洪水来了，船被冲走了，蚂蚁的命也搭上了。

第三只蚂蚁看到前面两个兄弟都比自己勤劳、能干，却这么悲壮地牺牲了，它不能再走它们的老路。于是，它爬到河边的树上，站在树尖的叶子上，想观察一下形势再说。不料，大风起兮，大风卷走了树叶和蚂蚁，蚂蚁就像坐飞机一样在空中飞扬，然后，徐徐地飘落在河的对岸。这只蚂蚁做梦也没想到，自己竟然如此轻松地实现了理想。

每当想起这个故事，我都从内心里钦佩前两只蚂蚁的壮举，但同时为它们感到惋惜。而对第三只蚂蚁，仅仅只是觉得它很幸运，似乎不屑一顾。因为，中国的传统文化，历来强调靠自己的本事吃饭，靠勤劳、靠实力、脚踏实地地打拼，反对投机，反对取巧。

但是，当我们观察社会时，类似第三只蚂蚁的成功者却大有人在，并出现在政治、经济、文化的各个领域，而且第三只蚂蚁的成功越来越成为一种普遍的发展模式、成功模式或寻找出路的模式。于是，第三只蚂蚁的行为越来越耐人寻味，甚至变得越来越崇高起来。

当然，蚂蚁是盲目的，而学蚂蚁的人却是理性的。因为巧借外力，是闯开出路的重要力量，是众多成功者的共性之一。

在蒙牛神速发展的历程中就有多起巧借外力的案例。借伊利成功上位，把自己从名不见经传一下提升至"内蒙古第二品牌"；借呼和浩特之名打造"中国乳都"提升自己的品牌影响力；借"神五"上天事件用"航天员专用牛奶"称号，成为社会关注的焦点；借湖南卫视"超级女声"活动营销蒙牛酸酸乳，再次成为市场的赢家。

越来越多的经典案例表明，在市场竞争越来越白热化的今天，巧妙借用一切可利用的外力进行策划，可以达到四两拨千斤的成效，既节约成本又最大地进行营销、达成目标。

善借外力就是赢家。立足自我但不排斥外力，这是成功者不可缺少的一种思维境界。成功往往是多因素的组合，也是多环节的链接，还是一个成长的过程。一个人的时间、精力、财力是有限的，有时不可能做到万事俱备，所以获取别人的帮助是必需的，比如资金、技术、信息、销售等。善借外力包括能不能找到外力、能不能借到外力、能不能跟外力建立长久的关系，大多数成功者正是得益于这一点。同样，你还没有成功，也与没能很好地处理这方面的关系有关。"好风凭借力，送我上青天。"一个人或一个团体，凡是善于借助别人力量的，均可事半功倍，更容易、更快捷地达到成功的目的。

在《三国演义》的赤壁之战中，诸葛亮巧借东风，火烧赤壁，孙刘联军大胜曹操，为三国鼎立奠定基础。而在酒水营销的战场上，也上演过一出巧借东风的好戏，更巧的是，这次的"借东风"，借的就是"三国风"。这次东风，把默默无名的"庞先生湖酒"带到了大众面前，也让其成为地方酒水市场的一个品牌！

所谓的"借东风"，就是"借势营销"。一个新兴品牌，自身资源是十分有限的。"借东风"只要借对了，就能引发非同一般的传播效果和市场效应，所以，"庞先生湖酒"的成功，想必对许多寻求崛起的中小品牌有很好的借鉴作用。我们一起来解析一下，这股"东风"是怎样借的。

"庞先生湖酒"原是湖南耒阳地区流行的一种糯米为原料的湖酒，该低度酒营养丰富、有益健康，是黄酒的一个分支，其中最有代表性的是"庞先生湖酒"。该湖酒可是有故事的：三国时期，张飞奉命到耒阳考察，县令庞统怕其喝烈酒闹事，便用自酿的湖酒招待张飞。因酒醇而不烈，香气四溢，既满足了张飞酒瘾，又调和了现场气氛，双方相谈甚欢，一时成为佳话，在当地影响颇大，该酒因此也被称为"庞先生湖酒"。但是，"庞先生湖酒"一直以来处于自然销售的状态，没有步入品牌运作阶段。在当今社会，比起其他酒类，湖酒的知名度和市场占有率都远远不够。其实，谁首先将湖酒"唱得响亮"，谁就能使其成为该酒类的一个品牌，迎来不可估量的发展空间。因此，"庞先生湖酒"与高度品牌营销咨询机构合作就是顺理成章的事了。突围之路在何方？营销机构经过对"庞先生湖酒"的全方位解剖，认为"庞先生湖酒"优点多多，比如采用地道工艺酿造、健康价值高、喝了不上头等。其中，公司尤其感兴趣的是"庞先生湖酒"加热后饮用别有一番风味，三国时期"煮酒论英雄"的典故中，喝的就是这一类型的酒。因为"庞先生湖酒"上市时间正好是秋冬之际，所以"热饮湖酒"这一卖点被营销机构铭记在心，认为可以考虑在以后的品牌传播中突显出来。

"庞先生湖酒"虽然有着许多的优点，但毕竟"养在深闺人未识"。作为一个新生品牌，在有限的资源下，"庞先生湖酒"既不能靠投放广告来获取知名度，也不能邀请明星做代言人，而如果降价促销，只会降低自身身价，看来还得另想方法。某天，"庞先生湖酒"项目组的同事聊到电视上热播的《品三国》节目，另一位同事猛然醒悟："真是当局者迷啊！'庞先生湖酒'因三国而生，怎么不借三国而起呢？""借三国东风！"大家不约而同地提出了"庞先生湖酒"的品牌运作思路。经过慎重的分析、论证，大家一致认为："三国热"有群众基础、有学术争论、有媒体炒作，必将成为今后较长时期内的热点话题。"三国"这股"东风"，"庞先生湖酒"是借定了！

由于借"三国东风"借得到位，"庞先生湖酒"迅速打响知名度，并同时树立起良好的美誉度。可以说，"庞先生湖酒"具备了"四两拨千斤"的上市实力，也构建了自己独有的"三国文化"。

借力从表面上看是靠别人，从根本上说还是靠自己。怎样才能真正把力借到手？经验有：一是既讨人喜欢，又不失自我；二是唱好自己该唱的调，把事情做得漂亮，给人以信任；三是把自己的重要性显现出来；四是一定要有回报，总不能白借，就像借钱要付给人利息一样。同时，还要善于变通，造势"嫁接"。如此，天下力量才能为我所用，壮大自己。

本领再大的个人，如果仅凭一己之力，势必寸步难行，事事难成。所以，要办事得求人，要成事得借力。求人是办成难事、急事的捷径，借力则是成功办事的智慧。

## 不该出手时绝不要出手

经营企业等很多事情好比一场马拉松，并不是时时刻刻都要铆足劲冲在最前面，有时候需要采取跟随战略。当自身条件具备的时候，当局势告诉你冲刺时刻到来的时候才是出手夺取第一位置的时候。

1983年美洲杯帆船赛决赛前4轮结束之后，美国队丹尼斯·康纳船长的"自由号"在这项共有7轮比赛的重要赛事当中，以3胜1负的成绩排在首位。

那天早上，第5轮比赛即将开始，整箱整箱的香槟送到"自由号"的甲板。而在观礼船上，船员们的妻子全都穿着红、白、蓝三色的美国国旗背心和短裤，迫不及待要在她们的丈夫夺取美国人失落132年之久的奖杯之后参加合影。

比赛一开始，由于澳大利亚队的"澳大利亚二号"抢在发令枪响之前起步，不得不退回到起点线后再次起步，这使"自由号"获得了 37 秒的优势。澳大利亚队的船长约翰·伯特兰打算转到赛道左边，他希望风向发生变化，可以帮助他们赶上去。而丹尼斯·康纳则决定将"自由号"留在赛道右边。没想到这一回伯特兰大胆押宝押对了，因为风向果然按照澳大利亚人的心愿偏转，"澳大利亚二号"以 1 分 47 秒的巨大优势赢得这轮比赛。人们纷纷批评康纳，说他策略失败，没有跟随澳大利亚队调整航向。再赛两轮之后，"澳大利亚二号"赢得了决赛桂冠。

这次帆船比赛成为研究"跟随"策略的一个很有意思的反例。成绩领先的船只，通常都会照搬尾随船只的策略，一旦遇到尾随的船只改变航向，甚至采用一种显然非常低劣的策略时，成绩领先的船只也会照样模仿。为什么？因为帆船比赛与在舞厅里跳舞不同。在这里，成绩接近是没有用的，只有最后胜出才有意义。假如你成绩领先了，那么，维持领先地位的最可靠的办法就是看见别人怎么做，你就跟着怎么做。但是如果你的成绩落后了，那么就很有必要冒险一击。

股市分析员和经济预测员也会受这种跟随策略的感染。业绩领先的预测员总是想方设法随大流，制造出一个跟其他人差不多的预测结果。这么一来，大家就不容易改变对这些预测员的能力的看法。而初出茅庐者则会采取一种冒险的策略：他们喜欢预言市场会出现繁荣或崩溃。通常他们都会说错，以后再也没人听信他们。不过，偶尔也会做出正确的预测，一夜成名，跻身名家行列。

产业和技术竞争提供了进一步的证据。技术竞赛就跟在帆船比赛中差不多，追踪而来的新公司总是倾向于采用更加具有创新性的策略，而龙头老大们则反过来愿意模仿跟在自己后面的公司。

在个人电脑市场，IBM 的创新能力远不如其将标准化的技术批量生产、推向大众市场的本事那么闻名。新概念更多是来自苹果电脑、太阳电脑和其他新近创立的公司。冒险创新是这些公司脱颖而出夺取市场份额的最佳策略，大约也是唯一途径，这一点不仅在高科技产品领域成立。宝洁作为尿布行业的 IBM，也会模仿金佰利发明的可再贴尿布粘合带，以稳固自己的市场统治地位。

跟在别人后面第二个出手有两种办法：一是一直看出别人的策略，你立即模仿，好比帆船比赛的情形；二是再等一等，直到这个策略被证明成功或者失败之后再行动，好比电脑产业的情形。而在商界，等得越久越有利，这是因为商界与体育比赛不同，这里的竞争通常不会出现赢者通吃的局面。结果是，市场上的领头羊们只有对新生企业选择的航向同样充满信心时，才会跟随后者的步伐。

## 有时候什么都不做比做什么要好

成功通常都是众多影响因素均具备的结果。当还有条件不成熟，应该先积极创造成熟的条件，在还没有能力创造成熟条件的时候，不妨等待。否则，勉强为之，只能是徒劳一场。

张树新是第一个申请做互联网的人，也是第一批投身中国互联网的先行者。她启蒙了中国公民的网络意识，成为中国互联网的领跑者。但随着企业的发展，张树新的角色已经不能适应瀛海威，她在市场发展的管理策略方面的欠缺，阻碍了企业的发展，最终成为自己的掘墓人。作为一个民营企业家、一个新兴行业创业者，张树新几乎遇到过所有问题，包括那些有人遇到过、没人遇到过的问题。

化学专业出身的张树新一生角色多样，做过记者、策划人，33岁从中科院辞职下海做传呼台生意，1995年创立瀛海威公司。在中国互联网发展初期，瀛海威扮演了一个启蒙者和领跑者的角色。让人遗憾的是，张树新与当时的田溯宁、马云一样，都没找到互联网盈利模式。瀛海威的失败是因为它太早进入市场，而当时的中国互联网市场的形势还不够明朗。

瀛海威生不逢时，瀛海威是在整个行业的资源、环境都不成熟的条件下做起来的。当时由于中国社会环境和人们对互联网缺乏认识，使张树新和瀛海威的发展面临障碍。对于互联网来说，当时这一环境极不成熟，一方面是人们都在谈论的带宽、电信基础设施等问题，另一方面是其发展过程中存在大量政策壁垒，包括互联网的核心该如何定义，电子商务对于中国所有的商务法规会构成怎样的冲击等，所以瀛海威的发展没有产业环境的支撑。

瀛海威只注重技术创新，但是不考虑市场需求。如"网上延安"耗资巨大，但是点击率很低；"网上交费系统"过于超前，不符合当时的实际情况；使用一套与互联网TCP/IP不同的通信规程，以一家之力与整个世界网络标准抗争；由于瀛海威是互联网在中国发展的实验品，因此，张树新在瀛海威的失败结局是一种必然。

做事情要讲究前进与等待。事情越是初创阶段，遭遇的困难就越大。完成事情首先要学会克服困难，克服困难就必须学会等待。实际上，做事情的过程就是一个克服困难、战胜困难的过程，旧的困难解决了又会涌现出新的困难，我们就在前进、等待，甚至后退中艰难跋涉，直至事情完成。

有时间就有变化。当己方处于不利的境地时，不能强行突破。强大的压力会让四周传出种种不同的意见和流言蜚语，这时要坚持等待，在局势明朗和机遇出现前，不能轻举妄动，避免陷入更大的困难。

尽管很享受退役后的悠闲生活，但是飞人乔丹还是在暗自等待一个重返NBA的机会。只不过这一次，他的身份将由球员变为老板。乔丹曾在接受美联社采访的时候表示，他现在的生活轻松又充实。"我喜欢待在家里，和孩子们在一起，尝试许多以前有兴趣却没时间做的事情。我发现，变了样子的生活也不错。"尽管悠闲的生活很惬意，但是对于飞人来说，篮球永远是生命中最重要的主题。现在，除了忙着张罗全美高中篮球的"全明星赛"外，乔丹还在全力准备推出第 20 代飞人系列的篮球鞋。

"篮球是我的激情所在，我正在等待一个重返篮坛的机会。"乔丹毫不讳言自己对拥有一支 NBA 球队的憧憬，但是同时他也强调，"我很有耐心，必须要等待时机成熟才会出手。"乔丹所说的"成熟条件"，指的是"感兴趣的球队、合适的价格和运转良好的经济状况"。当然，这一切要想同时拥有并不容易，据说乔丹为此曾和热火队、雄鹿队以及山猫队都有过接触，但是到目前为止，乔丹的"老板梦"并没有实质性的进展。

## 枪打出头鸟，是不是就不能出头了

枪打出头鸟，勇敢前进固然首先面临风险。然而，若没有出头鸟的带动，鸟儿们可能将遭遇连巢端的厄运。

当我们因某些事情想要鸣不平时，总有一些饱经风霜的老者来奉劝我们，不要逞英雄，你不出头总有人出头，何必当个大头蒜呢？"枪打出头鸟"，要不要出头，再好好想想吧。枪打出头鸟，这句谚语，我们常常听到，但我们有没有仔细想想，这句话真正所讲的是什么呢？

中国自古是一个讲中庸之道、谦恭礼让的国度。古老的文化传统阻碍着个人的出类拔萃。倘若出人头地而又锋芒毕露，很可能会成为众矢之的。嫉贤妒才，几乎是人的本性，愿意别人比自己强的人并不多。所以，凡有才能而不懂掩盖才华的人，往往会遭受到更多的磨难和不幸。

三国时，杨修聪明过人，处处表现其聪慧，多次猜透曹操心思，最终成了曹操的刀下鬼。曹植才华横溢，文名满天下，但锋芒尽露，结果招致祸殃。明代海瑞，以正直廉洁而著名，但他仗着一身正气，愤世嫉俗，把谁都不放在眼里，结果一生被人排挤，最终还被罢了官。如果这些人能收敛一下锋芒，不但可保护自己，更能为黎民社稷多做点事。精通文韬武略的曾国藩，就深知功名之不可靠和害处，反复嘱咐儿子曾纪泽，凡事不可张扬，要谨慎行事，甚至连大门外也不可挂相府、侯府这样炫耀的匾额，以免招人耳目。毕竟"木秀于林，风必摧之""出头的椽子先烂"。古往今来，许多事业有所建树的人大都不愿意太出名，一旦成为典型，尽管风光荣耀，人际关系却十分凄凉。工作上碰到麻烦，精神上受到压力，往往得不偿失。可见"出头鸟"难当。

"出头鸟"为何出头？难道它不知道飞出去的危险吗？它当然知道。但它更清楚，如果狡猾的猎人再走近一点，就会换上霰弹枪，向自己的朋友、亲人开枪。与其让大家都处于危难之间，倒不如牺牲自己，为别人开辟一条活路。而自己的奋力一搏也可能为自己选择一条生路。

国企改革的领跑者，1997年提出"工者有其股"，现任中国(杭州)青春宝集团有限公司董事长冯根生就是中国商界典型的"出头鸟"。

香港媒体曾送给冯根生一个称号"狂商",而冯根生则喜欢把自己比成一味中药,"良药苦口",成分很多,疗效不错。

作为国企"青春宝"的守护人,冯根生有太多被"枪打"的经历,然而数十年后却发现,沉淀的是质疑,而青春宝却在被一遍遍沉淀后更上一层又一层楼。

冯根生从不否认他是一只"出头鸟",而他关于"出头鸟"的独特见解,也让人印象深刻——枪打出头鸟,在社会上太多见了,而只要保护好心脏(没有私心),或者索性只管自己拼命飞,飞出枪的射程之外就没事了。关键是怕这些"鸟"飞飞停停,生怕偏离方向被枪击中,老是回头看,结果还没在树上停稳,就被那些"老枪"击中了。

冯根生第一次做"出头鸟",是在1978年,他在保健品领域率先"出头"研制出青春宝抗衰老片。该药虽通过动物和临床试验及药理检验,当时却有人反对,认为"保健品"是服务于"资产阶级"的东西,老百姓需要的是"感冒药",因此致使冯根生迟迟拿不到生产批文。坚冰未破,冯根生毅然决定先投产,做出口。这个决断对当时的冯根生和青春宝,就是一次赌注。

第二次是在1984年,冯根生向旧体制发出挑战,率先在全国国有企业试行干部聘任制、全厂员工实行劳动合同制。

第三次是在1991年,面对名目繁多的对国有企业厂长的考试,冯根生率先"罢考",在全国范围内掀起了一股"为企业领导人松绑"的大讨论。

第四次是在1992年,"青春宝"受困于机制,发展缓慢。为求一个好机制,冯根生与泰国正大集团合资,并让外方控股。但与当时大多数合资不同,冯根生独辟蹊径采取了母体保护法,保留青春宝集团母体青春宝商标品牌,总资产重新评估,只将其核心部分与对方合资。此举既有利于国有资产的保值增值,保护了"青春宝"的全国驰名商标,又为企业发展赢得了机会。

第五次是在1996年,冯根生在胡庆余堂制药厂濒临倒闭、负债近亿元的情况下,毅然接收这块金字招牌,"儿子兼并老子"又掀起话题。

1997年,"青春宝"改制,实现"工者有其股",成为第六次出头鸟。

1997年的"300万持股风波",是他第七次做"出头鸟",也是最为人称道的一次。1997年10月,青春宝集团决定对正大青春宝进行股份制改革,从公司的总股本中划出20%作为个人股,卖给员工。作为经营者的冯根生须认购其中2%的股份,经过几个月的资产评估,这2%合计人民币300万元。

对于"冯根生该不该持国有股300万元"的问题,猛烈的争议纷至沓来,而且有的质疑来得很尖锐。有人表示,这是让国有资产私有化。此事足足讨论了10个月,终于,杭州市政府专门召开了几次会议进行研究,1998年6月初"正大青春宝国有股权有偿转让方案"被批准通过。

通过之后,冯根生又面临了如何拿出300万元的问题,合资前他的月工资是480元，合资后虽增加到几千元，但无论如何拿不出300万元。在一片社会舆论的惊叹与质疑中，冯根生咬咬牙，从家里凑足了30万元，再以股权作抵押向杭州商业银行贷了270万元，每天要还的利息就是700多元。千余员工的3000万股一个星期全都认购完成。

　　股改后，企业当年分红达30%，之后又用3年时间所有本金就全部返还。企业总资产10年增长10倍以上。

　　出头鸟的可敬，在于它的勇敢。"枪打出头鸟"，这可能只是愚蠢的猎人对英勇的鸟儿们的一种欺骗性的警告。幸好鸟儿们并未因此而惧怕，依旧前仆后继地从大树上飞起，吸引了猎人的目光，保住了同伴的生命，也为自己的成功赢得了机会。

# 第八章
DIBAZHANG

## 共赢是合作的底层逻辑
## ——拿什么拴住你,我的伙伴

## 诚信赢天下

从思想道德的角度，诚实是人类社会推崇的品质，同时，从经济学的角度，诚实也是利益的需要。只有诚实守信，合作双方的彼此依赖和共赢才得以维持，否则，跟他合作的人会越来越少，他的路必将越走越窄，以至无路可走。

古训云："诚者天之道也，诚者人之道也，诚者商之道也；诚招天下客，誉从信中来。"生活中处处都有诚信，诚信是做人之根本。如果一个人没有了诚信，那么这个人也不会得到别人给予他的诚信。这个人将无法在社会上立足，处处都得不到别人对他的信任了。

诚然，追逐利益最大化是每个商人、每家公司的最终目标。经济学家威廉姆森曾指出："由于利己主义动机，人们在交易时会表现出机会主义倾向，总是想通过铤而走险、投机取巧获取私利。"

然而，难道赚取钱财非得要在违背诚信的条件下进行，不能通过合法的手段赚取合法的利润吗？诚信与利益真的互相矛盾吗？坚守诚信就等于放弃利益吗？

合作是指两个或两个以上的企业（或组织）在共同的愿景和目标下，共同从事某项或多项业务活动，互相支持协作，互相交流信息，共享资源，共同受益。它是一种松散的依赖于承诺和信用的战略形式，采用这种战略的企业，首先要解决的问题是选择诚实守信的合作伙伴。

博弈论告诉我们，两个企业合作，如果双方都诚实守信，结果就可以各得一份利益；如果双方都不诚实守信，结果就是两方都无利可得；如果一方诚实守信，另一方不诚实守信，结果就会使诚实守信的一方损失利益，不诚实守信的一方多占利益。在企业合作的实践中，往往会有一些企业为了自身的最大利益而背叛诚实守信的原则，结果给对方造成不应有的利益损失。有的邮政企业就吃过不少这样的亏。譬如，前些年某地邮政企业与某酒厂合作经销该厂生产的白酒，邮政企业承诺包销标定数量的该厂白酒，酒厂承诺该厂生产的白酒由邮政企业独家代理经销。邮政企业信守承诺购进了标定数量的该厂白酒，酒厂却施耍伎俩，同时向其他商家销售，结果是酒厂获得了双重利益，邮政企业却动用了大量人力，花费了四五年的时间还未销售完当年购进的该厂白酒，损失惨重。

一年冬天，沈阳多家大商场内，一知名品牌的一款皮鞋销量非常可观。但好景不长，上市几个月后，沈阳商业城鞋帽商场皮鞋二部就接连收到顾客投诉，说皮鞋质量有问题，不到两个月就出现断底。

对此，销售人员找到厂家，检验后发现，确实存在质量问题，于是将该款皮鞋从沈阳的各大商场撤柜，沈阳商业城鞋帽商场皮鞋二部也按"三包"协议给顾客提供了相应服务。一年后，还有顾客投诉该款皮鞋的质量问题。其实，像这样的投诉，销售人员原本可以以已经过了"三包"期为由拒绝处理，但柜组销售人员还是无条件进行了退换。当被问及他们为什么要这样做时，柜组成员说："我们虽然在经济上会蒙受一些损失，但是，我们的信誉不能蒙受损失。"

2004年，沈阳商业城鞋帽商场皮鞋二部被团中央、商务部授予"全国青年文明号十年成就奖"。

一切商机都来源于合作，合作最好应该建立在双方自愿和信息对称的基础上。经济学中有个"囚徒悖论"，就是说在和对方选择合作的情况下，谁先选择了不合作，谁就有可能占上风。这就是源于信息的不对称，如果双方能诚心沟通交流，就不会出现这样的情况。但是人与人之间又是不能完全沟通的，他们合作就是为了追求利益并且都有投机心理，所以如果双方不能有效沟通，常会造成类似于"囚徒悖论"中双方都选择不利于自己的选择。"囚徒悖论"的确有意思，只要是具有理性的人，在双方事先不能沟通的情况下都会选择结果最后看来对双方都不利的选择，这就是失败的合作。所以，可以看出合作双方的沟通交流对于合作真心实意的重要性，这其实也就是现在市场经济中讲的诚信。有诚信才让别人对你有期望，才能让合作持久地进行下去，诚信对双方都有益处。在不成熟的市场经济环境下或者在市场转变的转折时期，选择不诚信反而可能是一种理性行为，但是随着人们不断积累经验，市场的不断成熟，人们选择不诚信就越发地在市场中存活不下去。

诚信与利益非但没有互相矛盾，互相冲突，反而是相辅相成，互相作用。失去了诚信，便难以追逐更大的利益。从微观方面来说，商家或许能以不讲诚信为手段谋取一时之利，但这终究不是长久的。聪明的消费者不会再上当受骗一次后再上当受骗。由此，商家最后只能生意惨淡，门可罗雀，甚至破产。

## 猎人博弈中的妙术

猎人博弈又称"合作博弈"，通过两个猎人在打猎中获取猎物的博弈举例而得，是博弈论中一个典型的博弈类型。

古代有两个猎人。那时候，狩猎是人们主要的生计来源。

为了简单起见，假设主要的猎物只有两种：野牛和兔子。在古代，人类的狩猎手段还是比较落后的，弓箭的威力也颇为有限。在这样的条件下，我们可以进一步假设，两个猎人一起去猎野牛，才能猎到一头；如果单兵作战，他只能打到四只兔子。从填饱肚子的角度来说，四只兔子只能管四天，一头野牛却差不多能够解决一两个月的食物问题。这样，两个猎人的行为决策，就可以写成以下的博弈形式：

猎野牛：15，15 0，4；

打兔子：4，0 4，4。

猎到一头野牛，两家平分，每家管15天；打到四只兔子，只能供一家吃四天。上面的数字就是这个意思。如果他打兔子而你去猎野牛，他可以打到四只兔子，而你将一无所获，得零。如果对方愿意合作猎野牛，你的最优行为是和他合作猎野牛。如果对方只想自己打兔子，你的最优行为也只能是自己去打兔子，因为这时候你想猎野牛也是白搭。

我们知道，这个猎人博弈有两个纳什均衡：一个是两人一起去猎野牛，得（15，15），另一个是两人各自去打兔子，得（4，4）。两个纳什均衡，就是两个可能的结局。那么，究竟哪一个会发生呢？是一起去猎野牛还是各自去打兔子呢？比较（15，15）和（4，4）两个纳什均衡，明显的事实是，两个去猎野牛的盈利比各自打兔子要大得多。两位博弈论大师美国的哈萨尼教授和德国的泽尔滕教授长期进行合作研究，按照他们的说法，甲、乙一起去猎野牛得（15，15）的纳什均衡，比两人各自去打兔子得（4，4）的纳什均衡，具有帕累托优势。猎人博弈的结局，最大可能是具有帕累托优势的那个纳什均衡：甲、乙一起去猎野牛得（15，15）。

从（4，4）到（15，15）均衡的改变，在经济学上被称为具有"帕累托优势"。如果经济资源尚未充分利用，不能说经济已达到帕累托效率。当要想改善任何人的生活都必须损害别人的利益，则说明经济已达到帕累托效率。例如价格战愈演愈烈，只要有竞争，必然有价格战。

猎人博弈的结局告诉我们：在企业发展过程中要多考虑企业之间的合作利益。请切记：经济上的最高境界是合作与共享。法国人让·皮埃尔·德斯乔治说："如果说合同是短期的事，那么合作则是长期的事。"

为什么要"合作第一"？因为合作能够产生利润。为什么合作能够产生利润，因为合作能够有效地降低交易成本。合作意味着参与交易的双方都能够自觉地遵守它们达成的各种正式的或者非正式的契约，不用花大量的成本用于监督交易双方的契约行为；合作意味着双方都旨在提升共同的利润水平，这实际上是用双方的力量做一件事情，自然就提高了效率。最能够说明这一点的就是硅谷的发展。请记住这样一个数字：全球五百强企业平均每一家约有60个主要的战略联盟和战略合作者。

无论职场还是生活中，如果我们每个人都只顾自己的利益，各自为战，很可能获益极少，大多数情况下，跟同事或对手合作，就会使利益最大化，就像猎人博弈中的现象一样，也许我们在合作中能实现双方的最大利益，真正实现"双赢"。

## 猎鹿博弈：帕累托共赢的智慧

帕累托共赢的智慧是"1+1>2"。当然，要让"1+1>2"的效果真正实现，需要合作双方坚定地信任对方并严格地约束自己。

在经济学中，帕累托效率准则是：经济的效率体现于配置社会资源以改善人们的境况，主要看资源是否已经被充分利用。如果资源已经被充分利用，要想再改善，你就必须损害另外某人的利益。

一句话简单概括为：要想再改善任何人，都必须损害他人，这时就说一个经济已经实现了帕累托效率。

根据猎鹿博弈，当我们比较（10，10）和（4，4）两个纳什均衡时，明显的事实是，两人一起去猎梅花鹿比各自去抓兔子可以让每个人多吃6天。按照经济学的说法，合作猎鹿的纳什均衡，比分头抓兔子的纳什均衡，具有帕累托优势。与（4，4）相比，（10，10）不仅有整体福利改进，而且每个人都得到福利改进。换一种更加严密的说法就是，（10，10）与（4，4）相比，其中一方收益增大，而其他各方的境况都不受损害。这就是（10，10）对于（4，4）具有帕累托优势的含义。

相反，如果在不损害别人的情况下还可以改善任何人，那么经济资源尚未充分利用，就不能说已经达到帕累托效率。效率是指资源配置已达到这样一种境地，即任何重新改变资源配置的方式，都不可能使一部分人在没有其他人受损的情况下受益。这一资源配置的状态，被称为"帕累托最优"状态，或称为"帕累托有效"。

目前在世界上"强强联合"的企业比比皆是，这种现象就接近于猎鹿模型的帕累托改善，跨国汽车公司的联合、日本两大银行的联合等均属此列，这种"强强联合"造成的结果是资金雄厚、生产技术先进、在世界上占有的竞争地位更优越，发挥的作用更显著。

总之，他们将蛋糕做得越大，双方的效益也就越高。比如宝山钢铁公司与上海钢铁集团"强强联合"也好，还是其他什么重组方式，最重要的在于将蛋糕做大。在宝钢与上钢的"强强联合"中，宝钢有着资金、效益、管理水平、规模等各方面的优势，上钢也有着生产技术与经验的优势。两个公司实施"强强联合"，充分发挥各方的优势，发掘更多更大的潜力，形成一个更大更有力的拳头，将蛋糕做得比原先两个蛋糕之和还要大。

在猎鹿模型的讨论里，我们的思路实际只停留在考虑整体效率最高这个角度，而没有考虑蛋糕做大之后的分配。猎鹿模型是假设猎人双方平均分配猎物。

我们不妨做这样一种假设，猎人 A 比猎人 B 狩猎的能力水平要略高一等，但猎人 B 却是酋长之子，拥有较高的分配权。

可以设想，猎人 A 与猎人 B 合作猎鹿之后的分配不是两人平分成果，而是猎人 A 仅分到了够吃 2 天的梅花鹿肉，猎人 B 却分到了够吃 18 天的肉。

在这种情况下，整体效率虽然提高，但却不是帕累托改善，因为整体的改善反而伤害到猎人 A 的利益。我们假想，具有特权的猎人 B 会通过各种手段让猎人 A 乖乖就范。但是猎人 A 的狩猎热情遭到伤害，这必然会导致整体效率的下降。进一步推测，如果不是两个人进行狩猎，而是多人狩猎博弈，根据分配可以分成既得利益集团与弱势群体。

## 复杂职场中也可以追求"共赢"

跟物理学中力的合成一样，复杂职场中的各个职员就是各个分力。如果每个成员都朝不同的方向用力，其结果可能不会很理想。要形成最大的合力，就必须有共同的方向。而要达成共同的方向，需要每个职员具备足够的修养和智慧。

下面我们来介绍职场共赢的七大法则，而实践这些法则是需要博大的修养和长远的智慧的。

**法则一：尊重差异，换位思考**

正是由于差异的存在，才有了林林总总、丰富多彩的大千世界。所以，我们要学会尊重个别差异，并找寻共同点。这就像一幅织锦画一样，就是那些不同的色彩和图案造就了它的缤纷美丽。每一种花色和图案都不相同，而那最真实的美丽就是每一种图案或花色对整体的贡献。

B 先生最近有点烦。公司给他所在的团队布置了一个很大的项目，B先生看了很多资料，收集了很多数据，写出了一个自认为很好的方案。在开会的时候，他向组里的成员说出了自己的想法，可是大家似乎都有一些大大小小的反对意见。为此，B先生据理力争，结果那次会议不欢而散。在之后的几次会议中，B先生又觉得别人提出的想法根本没有自己的好，他"大胆"提出自己的不同意见，可是结果又是不欢而散。现在组里的人好像在刻意疏远B先生，有事也不和他商量。这使他很苦恼，他很想对他的组员说，其实他说的话都是对事不对人的，他只是想把工作做得更好。

B先生遇到的问题，其实就是团队差异与沟通的问题。尊重差异，不挑剔、不嫌弃；人与人的相处，贵在包容；肯定自己的选择，接受和对方之间的差异。这些说起来简单，做起来难。

**法则二：互相帮助，互补"共赢"**

其实，在人类社会中，这种利他的范例很多。因为你并非完美无缺，只有让你的合作者生活得更好，你也才能更好地生活。仔细想一想，我们与老板的关系，与下属的关系，与同事的关系，与顾客的关系等，其实不也是一种互通有无，共同发展的关系吗。

**法则三：微笑竞争，携手同行**

竞争应该是在美德肩膀上优美的舞蹈。"双赢"就是用美德为竞争镶边着色，让折射的阳光照亮携手同行的路程，让竞争在微笑中把心灵放松，在合作中共同进步，在人与人关爱和睦、诚实守信中描绘出一幅和谐的生动图景。

竞争应该在合作的怀抱里微笑。竞争体现着时代的特点，"双赢"更是代表着一个民族和个人的高度！微笑竞争，携手同行，这是"双赢"的智慧，更是人类和人生至高的境界。

蒙牛总裁牛根生深谙竞争与合作的道理。在早期蒙牛创业时，有记者提出这样一个问题：蒙牛的广告牌上有"创内蒙古乳业第二品牌"的字样，这当然是一种精心策划的广告艺术。那么请问，您认为蒙牛有超过伊利的那一天吗？如果有，是什么时候？如果没有，原因是什么？

牛根生答道："没有。"竞争只会促进发展。你发展别人也发展，最后的结果往往是"双赢"，而不一定是"你死我活"。因竞争而催生多个名牌的例子国内国际都有很多。德国是弹丸之地，但它产生了5个世界级的名牌汽车公司。有一年，一个记者问"奔驰"的老总，奔驰车为什么飞速进步、风靡世界，"奔驰"老总回答说"因为'宝马'将我们撑得太紧了"。记者转问"宝马"老总同一个问题，宝马老总回答说"因为'奔驰'跑得太快了"。美国百事可乐诞生以后，可口可乐的销售量不但没有下降，反而大幅度增长，这是竞争迫使它们共同走出美国、走向世界的缘故。

在牛根生的办公室挂着一张"竞争队友"战略分布图。牛根生说："竞争伙伴不能称之为对手，应该称之为竞争队友。以伊利为例，我们不希望伊利有问题，因为草原乳业是一块牌子，蒙牛、伊利各占一半。虽然我们都有各自的品牌，但我们还有一个共有品牌'内蒙古草原牌'和'呼和浩特市乳都牌'。伊利在上海 A 股表现好，我们在香港的红筹股也会表现好；反之亦然。蒙牛和伊利的目标是共同把草原乳业做大，因此蒙牛和伊利，是休戚相关的。"

**法则四：学会宽容，理解体谅**

宽容和忍让是人生的一种豁达，是一个人有涵养的重要表现。没有必要和别人斤斤计较，没有必要和别人争强斗胜，给别人让一条路，就是给自己留一条路。

什么是宽容？法国 19 世纪的文学大师雨果曾说过这样一句话："世界上最宽阔的是海洋，比海洋宽阔的是天空，比天空更宽阔的是人的胸怀。"宽容是一种博大，它能包容人世间的喜怒哀乐；宽容是一种境界，它能使人生跃上新的台阶。在生活中学会宽容，你便能明白很多道理。

我们必须把自己的聪明才智，用在有价值的事情上面。集中自己的智力，去进行有益的思考；集中自己的体力，去进行有益的工作。不要总是企图论证自己的优秀，别人的拙劣；自己正确，别人错误。不要事事、时时、处处总是唯我独尊；不要事事、时时、处处总是固执己见。在非原则的问题和无关大局的事情上，善于沟通和理解，善于体谅和包涵，善于妥协和让步，既有助于保持心境的安宁与平静，也有利于人际关系的和谐和团队环境的稳定。

**法则五：善于妥协，和平共处**

在现代生活中，妥协已成为人们交往中一道不可缺少的润滑剂，发挥着越来越重要的作用。在市场上，买家与卖家经过讨价还价，最终以双方的妥协而成立。

柳传志曾送给他的接班人杨元庆一句话："要学会妥协。"现代竞争思维认为，"善于"妥协不是一味地忍让和无原则地妥协，而是意味着对对方利益的尊重，意味着将对方的利益看得和自身利益同样重要。在个人权利日趋平等的现代生活中，人与人之间的尊重是相互的。只有尊重他人，才能获得他人的尊重。因此，善于妥协就会赢得别人更多的尊重，从而成为生活中的智者和强者。

社会是在竞争中发展进步的，也是在妥协中和谐共赢的。我们甚至可以这么说，妥协至少与竞争一样符合生活的本质。人与人妥协，彼此的日子就都有了节日的味道。

**法则六："共赢"思维，富足心态**

美国心理学家托马斯·哈里斯在《我好，你也好》一书中，按照人格的发展，将团队中各自然人之间的关系分为四种类型：我不好，你好；我不好，你也不好；我好，你不好；我好，你也好。可见，第四种关系类型：我好，你也好则体现了成熟的人格和共赢思维。

"双赢"和"共赢"的思维特质是竞争中的合作，是寻求双方共同的利益，即你好我也好，这是一种成熟的"双赢人格"。

养成"共赢"思维的习惯,需要我们从以下三个方面努力。

1. 确立"共赢"品格

"共赢"品格的核心就是利人利己、你好我也好。首先,要真诚正直,人若不能对自己诚实,就无法了解内心真正的需要,也无从得知如何才能利人利己。其次,要对别人诚实,对人没有诚信,就谈不上利人,缺乏诚信作为基石,利人利己和"共赢"就变成了骗人的口号。

2. 具备成熟的胸襟

我们通常说某个人成熟了,往往是指他办事老练、老道、可靠了,这其实是不全面的。真正的成熟,就是勇气与体谅之心兼备而不偏废。有勇气表达自己的感情和信念,又能体谅他人的感受与想法;有勇气追求利润,也顾及他人的利益,这才是成熟的表现。

3. 富足心态

在现实生活中,在职场竞争上,人们总是不由自主地认为,蛋糕只有那么大,假如别人多抢走一块,自己就会吃亏,人生仿佛是一场"零和游戏"。难怪俗话说:"共患难易,共富足难。"见不得别人好,甚至对亲朋好友的成就也会眼红,这些都是"匮乏心态"在作怪。

抱着这种心态的人,甚至希望与自己有利害关系的人小灾、小难不断,他们疲于应付而无法与自己竞争。这样的人时时不忘与人比较,认定别人的成功等于自身的失败。即使表面上虚情假意地赞美对方,内心却是又妒又恨,只有自己独占鳌头,才能使自己满足,更有甚者恨不得身边全是唯唯诺诺之人,稍不同的意见就把他们视为叛逆、异端。

相比之下,"富足心态"源自厚实的价值观与安全感。拥有这样心态的人相信世间有足够的资源,人人都可以享有,世界之大,人人都有足够的空间,他人之得不必视为自己之失。所以不怕与人共名声、共财富、共权势。正是这种心态,才能开启无限的可能性,充分发挥创造力,拥有广阔的选择空间。拥有"富足心态"的人,相信成功并非要压倒别人,而是追求对各方面都有利的结果。所谓"双赢"乃至"多赢",其实是"富足心态"的自然结果。

**法则七:团队合作,统合综效**

职业生涯中,我们每一个人都要处在各种各样的团队中,这就要求我们要学会欣赏人、团结人、尊重人、理解人,这既是一种品德、一种境界,也是一种责任。与老板、与同事、与下属,大家在一起共事,既是事业的需要,也是难得的缘分。但"金无足赤,人无完人",个人的阅历、知识、能力、水平、性格各不相同,相处久了,难免有些磕磕碰碰,但只要是不违反原则,就应从维护团队利益出发,求同存异,坦诚相见,在合作共事中加深了解,在相互尊重中增进团结。只有互相支持不拆台、互相尊重不发难、互相配合不推诿,才能使整个团队在思想上同心,目标上同向,行动上同步,作为团队中的个人也才能用团队的智慧和力量去解决面临的各种困难和问题,这样才能既为公司的成长增砖加瓦,也为自己的职业生涯铺好道路。

## 信任有时也是一种冒险

信任有时是一种冒险,因为没有人能绝对保证准确知道对方的想法。不过,加强团队内的沟通和交流能够降低风险。

在这个世界上,只要有信任就伴随着一定程度的风险。因为你如果信任了某一个人,实际上就意味着放弃了对他/她的监视、控制和警惕,而这样做需要一定的冒险。

明朝正德年间,大太监刘瑾独揽朝政,大行特务政治,其权势之盛从大江南北流传的一首民谣可见一斑:"京城两皇帝,一个坐皇帝,一个站皇帝;一个朱皇帝,一个刘皇帝。"

当时内阁辅臣是大学士李东阳、刘建、谢迁三位,他们都是机敏厉害、久于宦海的人物,时人评述,"李公善谋,刘公善断,谢公善侃"。他们为了扳倒刘瑾,联合太监王岳和范亭向武宗告发刘瑾等人的奸行。不料,刘瑾却顺势将矛头指向内阁:"内阁大臣对我们不满是假,借王岳、范亭朝您发飙是真啊!"

武宗终于大怒。李东阳等人眼见大火烧身,商量在武宗面前以退为进,一齐以内阁总辞来逼武宗杀刘瑾。

内阁总辞是轰动天下的大事,明朝自开国以来还未曾有过,武宗未必敢犯众怒。不料刘瑾还是棋高一招,他发现李东阳攻击自己的时候有所保留，因此马上向武宗建议："李东阳忠心体国，他虽然说了我们的不是，却实在是大大的忠臣，应该表彰。"

于是，武宗马上批准了刘建、谢迁的辞职，独独升了李东阳的官。

原本沸沸扬扬的内阁总辞如今成了三缺二，成为天下人的笑柄。刘建和谢迁黯然离开京城的时候，李东阳把酒相送，刘建气得把酒杯推倒在地上，指着李的鼻子痛斥："你当时如果言辞激烈一些，哪怕多说一句话，我们也不至于搞成这样。"

从这个故事中，我们不仅可以看到李东阳城府之深，而且更看到了信任在协调博弈中的重要性。

信任是放弃对他人的监督，因为能预料到他人具有相关的处事能力、高尚的品德和良好的意图，感觉到他人的信任就意味着要衡量遭受背叛的可能。事实上信任就是要做到不相信一些事情。背叛是可能的，但是不代表一定如此。所以信任是一种对合作关系不被利用的预期，由此才能在未来尚未明确的合作情况下自由选择行为方式。

合作过程中如何跟合作者保持相互信任呢？现在是21世纪，是一个开放的世纪，人和人之间的交往越来越频繁，尤其是想创业的或正在创业的人都少不了合作伙伴，但是如何能跟合作伙伴保持最开始的那种信任关系，这一点可能是所有创业者十分关注的问题，因为这一点会直接影响到我们创业的成败。

人和人之间建立信任除了生与死的一种考验之外，最好的方式就是让彼此知道彼此在做什么，在想什么，能这样交心还有什么不信任的呢？在一种有很强利益的合作面前这一点尤其重要，把握不好很容易产生误会，从而毁掉团队。尽量不要让你的合作伙伴在猜你现在在想什么，人的想法有两面性，一面是积极的，一面是消极的，有时候的一念之差可能就会酿成大错。这种及时沟通的方法可以减少此类事情的发生。

## 任何怀疑都可能导致合作破裂

信任是合作的立足基石，是维持合作的养料。怀疑是一道隔断双方心灵的墙，这道墙阻挡了双方前进的勇气和决心，并最终导致合作破裂。

合作和共事，最可怕的莫过于互相怀疑。你要信任你的合作对象，不要一开始就用怀疑的眼光看待别人，你自己的内心里要留着最起码的相信别人的底线。诚信是建立在合作"双方"彼此信任的基础上的。抱着怀疑的态度与别人合作，合作就变成不可能。

合伙最忌相互猜疑。合伙人之间本应彼此信任，但更多的人在利益面前，变得疑窦丛生。对自己的合伙人百般猜忌，结果导致合伙生意失败，甚至合伙人之间反目成仇，连朋友也做不成了。

万岚彬和仇雨生以前关系很好，两人总是以兄弟相称。2005

年秋天，兄弟俩合伙做起了生意。刚开始时生意很好，可后来两人在买卖上意见不统一，起了纷争，结果生意也越来越不景气。万岚彬怀疑仇雨生把进货的钱私自扣了起来，仇雨生则怀疑万岚彬私自卖货，兄弟俩因彼此相互猜疑而在心中结下疙瘩。后来两人因一时的言语不和吵了几句，从此矛盾更加激化，两人的关系也越来越僵，本来就不景气的生意也随之解体了。

在合伙企业中，合伙人要做到诚信无疑、相互信任，起码要做到以下几点：

第一，不可主观乱猜疑。合伙人之间，既然大家都走到一起来了，就应该精诚团结，同心同德，为合伙企业的发展而奋斗。合伙人要以诚相待，切忌对张三怀有戒意，对李四放心不下，满腹狐疑，闹得互相猜疑，最后分崩离析。

第二，不要听信流言蜚语。有时合伙人之间本来是相互信任、诚信无疑的，但听了亲戚朋友、企业员工或其他人的议论，便对合伙人产生了怀疑，影响了合伙人之间的团结。

试想，如果没有发现事情的真相，就抱着猜忌的态度去做，合伙企业如何搞得好？因此，合伙人不要轻信别人的流言蜚语，听到别人有什么议论，要认真调查，多问几个为什么。时刻保持清醒的头脑，不要轻易相信别人的议论。

其实，猜忌来自于内心的脆弱和不信任，内心的无知与狭隘，来源于对市场和竞争双方缺乏了解和没有把握。猜忌一旦与保守结盟，企业注定只能在荆棘丛生的道路上步履维艰；猜忌与冒进结合，企业则成了风口浪尖的小船，任凭技术如何高超，也难逃颠覆的命运。

商业资源并非不可再生的有限资源，商业合作的结果不是你死我活，而是彼此双赢。为了同样的目的，我们和商业伙伴走到了一起，心中的猜忌却让我们像张开利刺的刺猬，不是相互背弃，就是两败俱伤。这时候，收起身上的刺是最明智的选择。退一步不是软弱，而是海阔天空的人生哲学和经营智慧。邻居的互相退让，成就一番"六尺巷"的美谈，商人的互相退让，则会打造一个诚实公平的商业环境。

当所有的秩序都规范化、所有的行为都程序化、所有的操作都技术化，阻碍生意成功的，只有不信任的心灵之墙。谨慎是为商的本能，但过于谨慎多虑，则流于多疑。草木皆兵的后果不是疲惫不堪，就是众叛亲离。

我们共同来拆掉阻碍生意的那道怀疑之墙，因为任何企业的利润增长，决不是靠算计合作伙伴，而是靠真诚的团结合作。只有合作才是利润的无穷源泉。

## 没有惩罚的契约没有约束效力

契约的宗旨是为了实现"双赢"，但"双赢"和个人利益并非完全一致。因此要保证实现"双赢"，契约需要规定对只能实现单赢和有违公平的行为做出惩罚。

在每一个鼓励合作的方案里,通常都会包含某种惩罚作弊者的机制。

在最初博弈之上增加惩罚机制的做法,其目的就是为了减少作弊的动机。在博弈的结构里还存在其他类型的惩罚。一般而言,这种机制生效的原因在于博弈反复进行,这一回合作弊虽然有所得但将导致其他回合有所失。

归纳起来,在一次性的博弈当中没有办法达成互惠合作。只有在一种持续的关系中才能够体现惩罚的力度,并因此成为督促合作的"木棒"。合作破裂自然就会付出代价,这一代价会以日后损失的形式出现。假如这个代价足够大,作弊就会受到遏制,合作就会继续。事实上,法国哲学家卢梭早就指出了这一点,他曾经有一本《社会契约论》,认为契约是整个人类社会存在的前提条件之一。

前面已经分析过,如果"囚徒困境"只是一次性的博弈,那么签订协议是毫无意义的,其纳什均衡点并不会改变。可以签订协议的一个最基本的条件,就是博弈需要重复若干次,至少大于一次。

重复博弈与一般性的动态博弈是不同的。多轮动态博弈中,参与者能够了解到博弈的每一步中其他参与者在自己选择某种策略下的行动,而重复博弈的参与者无法了解到在任何一步中,其他参与者的策略选择。

在重复型的"囚徒困境"中,签订合作协议并不困难,困难的是协议对博弈各方是否具有很强的约束力。任何协议签订之后，博弈参与者都有作弊的动机，因为至少在作弊的这一轮博弈中，可以得到更大的收益。

霍布斯对合作协议的观点是："不带剑的契约不过是一纸空文。它毫无力量去保障一个人的安全。"这就是说，没有权威的协议并不能导致民主，而是导致无政府状态。

"囚徒困境"扩展为多人博弈时，暴露了一个更广泛的问题："社会悖论"或"资源悖论"。人类共有的资源是有限的，当每个人都试图从有限的资源中多拿一点时，就产生了局部利益与整体利益的冲突。人口问题、资源危机、交通阻塞，都可以在"社会悖论"中得以解释。在这些问题中，关键是制定游戏规则来控制每个人的行为。

另外，学者爱克斯罗德所著的《合作的进化》一书暗含着一个重要的假定，即个体之间的博弈是完全无差异的。但对局者之间绝对的平等是不可能达到的，因而某些博弈对一方来说是典型的高成本、低回报：一方面，对局者在实际能力上存在不对称，双方互相背叛时，可能不是各得1分，而是强者得5分，弱者得0分，这样，弱者的报复就毫无意义；另一方面，即使对局双方确实旗鼓相当，但某一方可能怀有赌徒心理，认定自己更强大，采取背叛的策略能占便宜。爱克斯罗德的分析忽视了这种情形，而这种事实或心理上的不平等恰恰在社会上引发了大量"零和博弈"与"负和博弈"。

在这种情况下，应通过法制手段，以法律的惩罚代替个人之间的"一报还一报"，才能规范合作行为。事实上，从博弈论的角度看法律就是通过第三方实施的行为规范，其功能是或者通过改变当事人的选择空间改变博弈的结果，或者不改变博弈本身而改变人们的信念或对他人的行为预期，从而改变博弈的结果。

# 第九章
DIJIUZHANG

## 管人要共情，带人要共频
## ——用脑去管理，你会事半功倍

## 为什么"鲇鱼效应"能给公司带来效益

"鲇鱼效应"的故事,讲的其实就是"生于忧患,死于安乐"的道理。企业中运用"鲇鱼效应",通过竞争激发了倦怠员工的活力和拼搏精神,因而能给公司带来效益。

很久以前,挪威人从深海捕捞的沙丁鱼,总是还没到达岸边就已经口吐白沫,渔民们想了无数的办法,想让沙丁鱼活着上岸,但都失败了。然而,有一条渔船总能带着活鱼上岸,他们带来的活鱼自然比死鱼的价格高出好几倍。这是为什么呢?这条船又有什么秘密呢?原来,他们在沙丁鱼槽里放进了鲇鱼。鲇鱼是沙丁鱼的天敌,当鱼槽里同时放有沙丁鱼和鲇鱼时,鲇鱼出于天性会不断地追逐沙丁鱼。在鲇鱼的追逐下,沙丁鱼拼命游动,激发了其内部的活力,从而活了下来。

这就是"鲇鱼效应"的由来,"鲇鱼效应"的道理非常简单,无非是人们通过引入外界的竞争者来激活内部的活力。鲇鱼,一种生性好动的鱼类,并没有什么十分特别的地方。然而自从有渔夫将它用作保证长途运输沙丁鱼成活的工具后,鲇鱼的作用便日益受到重视。沙丁鱼,生性喜欢安静,追求平稳。渔夫,聪明地运用鲇鱼好动的特点来保证沙丁鱼活着,在这个过程中,他也获得了最大的利益。

自从"鲇鱼效应"的秘密被大家知道以后,已经被用到生活的各个方面。

在我们的现实生活中,有些人天生是懒惰的,都尽可能逃避工作;他们大部分没有雄心壮志和负责精神,宁可期望别人来领导和指挥,就算有一部分人有着宏大的目标,也缺乏执行的勇气。人们之所以天生懒惰或者变得越来越懒惰,一方面是所处环境给他们带来安逸的感觉;另一方面,人的懒惰也有着一种自我强化机制,由于每个人都追求安逸舒适的生活,贪图享受在所难免。此时,如果引入外来竞争者,打破安逸的生活,人们立刻就会警觉起来,懒惰的天性也会随着环境的改变而受到节制。

人的潜能是无限的。柏拉图曾指出:"人类具有天生的智慧,人类可以掌握的知识是无限的。"人类有90%~95%的潜能都没有得到很好的利用和开发,我们每个人都有巨大的潜能等待发掘。

被尊为"控制论之父"的维纳认为"每一个人,即使是做出了辉煌成就的人,在他一生中所利用大脑的潜能也还不到百亿分之一。"他还认为,人脑原则上能储存大量信息,每个人的大脑,能记忆世界上最大的图书馆储存的全部信息。

那么，我们又该如何释放自己的潜能呢？要释放人的潜能，就需要进行潜能激发，让人进入能量激活状态。如果一个组织中所有成员的能量都处于激活状态，那么它可以带来核聚变效应。"鲇鱼效应"是最经典的潜能激发案例，所以一个组织中需要有几条"鲇鱼"，"鲇鱼"本身未必有多大能量，但他可以给整个组织带来能量释放的连锁反应。"鲇鱼效应"即采取一种手段或措施，刺激一些企业活跃起来投入到市场中积极参与竞争，从而激活市场中的同行业企业。其实质是一种负激励，是激活员工队伍之奥秘。在企业管理中，管理者要实现管理的目标，同样需要引入"鲇鱼"型人才，以此来改变企业相对一潭死水的状况。

当一个组织的工作达到较稳定的状态时，常常意味着员工工作积极性的降低，"一团和气"的集体不一定是一个高效率的集体，这时候"鲇鱼效应"将起到很好的"医疗"作用。一个组织中，如果始终有一位"鲇鱼式"的人物，无疑会激活员工队伍，提高工作业绩。

"鲇鱼效应"是企业领导层激发员工活力的有效措施之一。它表现在两方面：一是企业要不断补充新鲜血液，把那些富有朝气、思维敏捷的年轻生力军引入职工队伍中甚至管理层，给那些故步自封、因循守旧的懒惰员工和官僚带来竞争压力，才能唤起"沙丁鱼"们的生存意识和竞争求胜之心；二是要不断地引进新技术、新工艺、新设备、新管理观念，这样才能使企业在市场大潮中搏击风浪，增强生存能力和适应能力。

综上，从不同的角度分析，鲶鱼代表的内容是不同的，对于一个从业者，领导可能是"鲶鱼"，那么你的努力最好和组织保持同方向，不要往后游，否则就有被吃掉的危险，永远充满激情地向上游，也许某一天你也变成了"鲶鱼"，赶着一群"沙丁鱼"向上奋斗；你的同事也可能是"鲶鱼"，那就和他比拼比拼，看谁翻腾的能量更大；你的下级也可能是"鲶鱼"，那就在激励下属成长的同时，别忘了给自己充充电，保持强劲的势头发展，否则你也有被下属吃掉的危险；你的工作中也可能有"鲶鱼"，那就合理地安排自己的工作，分清主次，让"鲶鱼"工作越游越欢，最好能到上一层工作岗位上去搅动一番。

团队管理也是这样。无论是传统型团队还是自我管理型团队，时间久了，其内部成员由于互相熟悉，就会缺乏活力与新鲜感，从而产生惰性。尤其是一些老员工，工作时间长了就容易厌倦、懒惰、倚老卖老，因此有必要找些外来的"鲶鱼"加入团队，制造一些紧张气氛。从马斯洛的需求层次理论来说，人到了一定的境界，其努力工作的目的就不再仅仅是为了物质，而更多的是为了尊严，为了自我实现的内心满足。所以，当把"鲶鱼"放到一个老团队里面的时候，那些已经变得有点懒散的老队员迫于对自己能力的证明和对尊严的追求，不得不再次努力工作，以免被新来的队员在业绩上超过自己。否则，老队员的颜面就无处存放了。

对于那些在能力上刚刚能满足团队要求的队员来说,"鲇鱼"的进入,将使他们面对更大的压力,稍有不慎,他们就有可能被清出团队。为了继续留在团队里面,他们也不得不比其他人更用功、更努力。

可见,在适当的时候引入一条"鲇鱼",是可以在很大程度上刺激团队战斗力的重新爆发。在这一方面,日本的本田公司就做得非常出色,值得我们借鉴。

有一次,本田对欧美企业进行考察,发现许多企业的人员基本上由三种类型组成:一是不可缺少的骨干人才,约占二成;二是以公司为家的勤劳人才,约占六成;三是终日东游西荡,拖企业后腿的蠢材,占二成。而自己公司的人员中,缺乏进取心和敬业精神的人员也许还要多些。那么如何使前两种人增多,使其更具有敬业精神,而使第三种人减少呢?如果对第三种类型的人员实行完全淘汰,一方面会受到工会方面的压力;另一方面,又会使企业蒙受损失。其实,这些人也能完成工作,只是与公司的要求、发展相距远一些,如果全部淘汰,这显然是行不通的。

后来,本田先生受到鲇鱼故事的启发,决定进行人事方面的改革。他首先从销售部入手,因为销售部经理的观念离公司的精神相距太远,而且他的守旧思想已经严重影响了他的下属。必须找一条"鲇鱼"来,尽早打破销售部只会维持现状的沉闷气氛,否则公司的发展将会受到严重影响。经过周密的计划和不断的努力,本田先生终于把松和公司销售部副经理、年仅35岁的武太郎挖了过来。武太郎接任本田公司销售部经理后，凭着自己丰富的市场营销经验和过人的学识，以及惊人的毅力和工作热情，受到了销售部全体员工的好评，员工们的工作热情被极大地调动起来，活力大为增强。公司的销售出现了转机，月销售额直线上升，公司在欧美市场的知名度也不断提高。本田先生对武太郎上任以来的工作非常满意，这不仅仅是因为他的工作表现，还因为销售部作为企业的龙头部门带动了其他部门经理人员的工作热情和活力。

从此，本田公司每年重点从外部"中途聘用"一些精干的、思维敏捷的、30岁左右的生力军，有时甚至聘请常务董事一级的"大鲇鱼"。这样一来，公司上下的"沙丁鱼"都有了触电式的感觉，业绩蒸蒸日上。

## 管理者的预期决定博弈结果

管理者的预期，简单说就是管理者眼中企业的愿景和目标。管理者让企业的愿景越清晰，企业的执行力越强，企业越容易成功。

许多人认为："在计划经济时代，企业员工缺乏激励，偷工减料，效率低下。"之所以这样是因为都是吃大锅饭，没有足够的动力；而在市场经济下，企业有赚取利润的驱动力，自然企业都会努力降低成本，提高效率以赚得更多的利润。

明确的预期激励是人们决策的最根本动力。从经济学我们知道，不确定性是一种巨大的机会成本。由于我们对未来发展预期的不确定导致我们焦虑不安，进而迷失了方向，生活渐渐失去激情，学习自然就成了一种为了拿到学分的形式。在做大蛋糕的过程中存在着一个庞大的利益集团，有生产的合作者，有消费者，还有竞争者，利益相关者的博弈直接决定着各方福利增加的程度。而在博弈的过程有一个重要的条件决定着博弈结果福利的大小，就是预期的确定程度。

很久以前，在一个遥远的山村，生活着三个好朋友，他们都是石匠，每天一早，都上山采石头，然后把石头卖出得以获得生存所需的钱物。有一天一位先知来到这个山村，正好遇见三个好朋友在山腰汗流浃背地忙碌着。

"你在做什么？"先知问三个好朋友中最年长的一个。

"我在采石头，养家糊口。"最年长的石匠回答。他是三个人中间最敦厚、最本分的一个。凡事都小心谨慎，并且事事都讲求实际，没有百分之百把握的事情，他从来都不会去做。

"你在做什么呢？"先知问年龄第二的石匠。

这个石匠想了想说："我在磨炼自己，争取将来成为全国最棒的石匠。"这个石匠思想开放，具有一定的冒险精神，只要有把握的事，他在思考之后，通常都敢于去干。

先知笑了笑，然后转身去问年龄最小的石匠："还有你，在做什么？"

"我现在是在采石头，但我的目标是建造一座全国最漂亮的图书馆。我现在所做的一切，都是在朝着这个目标前进。我挣的每一分钱，都是为我的图书馆而挣的。"年龄最小的这个石匠敢想敢干，富有冒险精神和创新意识，常常说出一些正常人看来根本不切实际的想法。

听他这么一说，两个年长的朋友哄然笑起来："又在做白日梦了，也不知道害臊！"

先知没有笑，而是赞赏地注视了一会儿这个小伙子，然后拍拍他的肩，不言而去。时间一晃，20年过去了。年龄最大的石匠一直在采石头，辛辛苦苦地劳动，但是只能勉强养家糊口，如果某一天停止劳动，家里就可能断炊，生活依然如此，没有好转。年龄次之的石匠的境况要好得多，他实现了自己的理想，成为全国最棒的石匠。开始的前十年，他采普通石头，并到全国各地采珍稀的石材。后十年，他在采石的同时，也做石头雕刻，许多地方都有他的雕刻品，还多次被邀请到全国各地，替人辨别石材材质，或者指导别人采石。他最终没有成为雕刻艺术家，因为他没有想过，也没认为自己有能力成为雕刻艺术家。他的雕刻品，基本上都是仿制或者复制前人的作品，没有创作成分，工艺上也谈不上丝毫创新。但他经济上很宽裕，他的家人衣食无忧。

年纪最小的那个石匠呢？在前5年里，他采石头，积累了一大笔钱，离开了采石场，远走他乡。到了第7年，他劝说一个有钱人投资建造图书馆。于是用这个有钱人的资金，召集了一批人，成立了一个建筑队，着手建造图书馆。图书馆规划得太宏伟，而建造进度却很慢，第 10 年时那个有钱人看不到希望，不肯再投资，图书馆的工程差点半途而废。这个石匠意识到不能把命运寄托在别人手中，应该掌握在自己的手里。他又招募了一批建筑人员，成立了一个建筑队，专为民众建筑，挣来的钱投到图书馆修建上。

20 年过去了，全国最具规模、最漂亮的图书馆已投入使用。而那个年龄最小的石匠成了两家大型建筑公司的董事长。应该说，年龄最小的石匠是最成功的，年龄第二的石匠次之，年龄最大的石匠还和原来一样。

都是石匠，出生在同一个地方，开始同时从事着同样的采石工作，为什么结局会不同呢？这就是目标和预期的作用。

你想要达到什么目标，就有可能实现什么目标，心中根本没有目标什么也实现不了。比如，两个人在操场里，一个人的目标是向前走 50 米，另一个人是向前走 100 米。应该说，目标定为 50 米的那个人，要走 100 米也完全可以做到，可是他只想走 50 米。到 50 米处他停下来，他怎么可能在 100 米的地方出现呢？实际上，即使在市场经济体制下，企业员工也并不都是个个勤奋，人人努力。一般的企业领导人采用的不过是古已有之的胡萝卜加大棒的方法来统驭下属。

管理学家孔兹对领导的界定是："领导可定义为影响力。它是影响他人，并使他们愿意为达成群体目标而努力的一种艺术或方法。这种观念可以扩大到不仅是使他们愿意工作，同时也愿意热诚自信地工作。"其中最关键的是"影响他人，并使他们愿意为达成群体目标而努力"。管理者为了对组织的项目负责，达成企业"群体目标"，必然用一种艺术或方法去影响被领导者，使之愿意工作，甚至是热情而自信地工作。

对于下属来说，管理者的信用、权威必须要通过管理者长时间发给下属的各种信号以及相互之间的良好交流才能达到。比如一个民营企业的老总若要建立起良好的名誉，必须乐意给下属高出劳动力市场上一般的福利待遇，让下属认识到企业对员工的关心与认可。

权威本身也要具有伟大的人格、优良的品质和出众的才能。权威并不是脱离群众的，他也要采纳群众的意见。只有部属能尊重上司权威，而上司也能采纳部属意见的公司，一切才可以顺利推动。

管理者与员工的交流能够大大提高领导者建立信誉的能力。如果员工发现与管理者分享私人信息和代价很高的努力是值得的、理性的，这种信任就是必不可少的。管理者若无法得到员工的尊敬，上下级之间就会相互猜疑，信息沟通极少。勇于尊重员工以及敢于谈论他们自身缺点的领导者将赢得下属的尊重。一旦员工信任并尊敬一个管理者，真正的进步就成为可能。

管理者应该能够帮助员工建立对未来的预期。对未来的预期，是影响员工行为的重要因素。预期分为预期收益和风险，也就是员工这样做将来会有什么好处，同时这样做又可能面临哪些问题。这些将影响员工个人的策略，如员工是否会将精力真正地投入到企业中。

有这样一个有趣的故事。一只绰号叫"无敌手"的猫打得老鼠溃不成军，最后老鼠几乎销声匿迹了。幸存下来的几只老鼠躲在洞里不敢出来，几乎快要饿死。"无敌手"在这帮悲惨的老鼠看来，根本不是猫，而是一个恶魔。但是这位猫先生有个爱好：喜欢向异性献殷勤。

有一天，这只猫爬到又高又远的地方去寻找相好。就在它和相好献殷勤时，那些幸存下来的老鼠来到了一个角落里，就当前的迫切问题召开了一个紧急会议。一只十分小心谨慎的老鼠担任会议主席，一开始它就建议必须尽快地在这只猫的脖子上系上一只铃铛。这样，当这只猫进攻时，铃声就可以报警，大伙儿就可以逃到地下躲藏起来。会议主席只有这么个主意，大伙儿也就都表示同意，因为它们都觉得再没有比这个主意更好的了。但问题是怎样把铃铛系上去。没有哪只老鼠愿意去拴这个铃铛。到了最后，大伙儿就散了，什么也没做成。看来，给猫系上铃铛无疑是一个绝妙的主意，但对于一群已经被吓破胆的老鼠来说，这个主意意味着只是无法实现的美好梦想而已。一些企业没做出什么成绩，也是一样的道理。

对于一个管理者来说，应该本着务实的精神，制订切实可行的计划，让他的团队有一个可以实现的目标，而不是做出一个不可能实现的决定。同时，管理者要对这个目标做出承诺，在承诺的同时，上下级之间要能够相互沟通，建立一个交流网络来寻求共同的价值观与信念。同时，管理者能够以身作则，以自己的个人行为作为员工学习的典范。

通过领导者自己与下属之间的"互动过程"，有效地协调了子系统之间的竞争与合作关系，树立了领导权威，促进了系统的有序化，这才是现代领导的本质所在。显然这种领导权威不是领导者个人素质的单独结果，而是领导者与下属双方相互作用的结果。这也是有别于传统的新理念。

## 企业要有好的内部激励机制

好的内部激励机制是实现企业效率效益的需要，也是员工自身，尤其是自我实现的需要。从企业来看，好的激励机制是企业的核心竞争力，从个人来看，激励机制是个人前进的发动机。

激励机制是为了激励员工而采取的一系列方针政策、规章制度、行为准则、道德规范、文化理念以及相应的组织机构、激励措施的总和。激励机制是企业管理中的一项重要内容。激励是现代企业管理的精髓，激励就是开发人的能力，调动人的积极性和创造性，使其发挥内在潜力，为达到所追求目标而努力的心理引导过程，即主要通过内部、外部刺激来激发人的行为动机的心理过程。它通过激发人的动机来诱导人的行为。激励的过程就是管理的过程。不同的激励会促使客体产生不同的行为。一个好的激励机制对于企业激发员工工作热情、促进企业经济快速持续发展具有重要的作用。激励机制运用的好坏在一定程度上是决定企业兴衰的一个重要因素。如何运用好激励机制也就成为各个企业面临的一个十分重要的问题。

国内外的实践证明，适当地运用激励机制并据此改进生产环境、组织结构和管理方法，协调人际关系，可以缓和劳资矛盾，形成"同舟共济"的情感，齐心协力应付经济危机。从精神上、物质上引导员工充分发挥他们的劳动创造性和工作积极性，对提高工作效率和工作效益、推进企业的可持续发展，有着极其重要的作用。

联想是一个以业绩为导向型的公司，不唯学历重能力，不唯资历重业绩。联想现在许多高管人员其实在公司工作时间并不长，能从普遍员工上升到最高管理层，原因不是跟谁有什么关系，而是全凭业绩。为什么外企一些有相当级别的管理人员愿意到联想工作，就是看中了这一点。

联想的干部比例适中，中级以上管理人员有200多人，而公司全部员工有1.1万多人（其中职员约5000人）。其实联想每一个事业部的规模，都相当于一个中型IT企业，这些管理者得到的收入高些也是理所应当的。当然从薪酬结构上看，固定工资部分，经理层跟员工层的差异并不大。联想员工的收入分为三块，固定工资、绩效浮动和年底分红，在一个以业绩为导向型的企业里，员工的收入是跟其贡献直接挂钩的。任何一个企业都是20%

的人才创造80%的财富，对这20%员工的薪酬当然不能少了。现在市场竞争很激烈，人才争夺很激烈，争夺的焦点就是一些高级管理人才和高级技术人才，因为这些人才可以为公司做出重大贡献。

在联想，普通员工并不是只有做管理人员一条升迁之路，不做经理也可以走技术职称的道路。技术骨干的待遇与相应的管理者的收入没有差别。年底之前，联想要完成能力评价体系，要让公司的各级管理层知道每个员工的能力如何，其社会竞争力处在什么水平，是否达到了人岗匹配，是不是把最适合的人放在最适合的位置。这项工作可以达到三个目的：公司清楚员工的能力水平、主管清楚手下人员的能力水平、员工清楚自己的能力水平，真正做到人尽其用，不造成人才浪费。

为突出业绩导向效果，联想在业绩考核中实行末位淘汰制，如果员工在考核后进入最后一个层次，就进入了末位淘汰区。所以，不论哪一层次的人都有压力，中层管理人员压力也很大，如果考核时排在最后，就会成为不合格员工。联想还培养了后备干部，对于被淘汰的人所在的岗位，马上就有人可以顶上，这是一个合理的循环。确实，在IT企业必须每个人时刻都要有危机意识，不进则退，跟不上形势就要被淘汰，企业如此，个人亦如此。

许多企业活力不足，管理不善，经营陷入困境，整个企业的内部效率低下。事实证明，这些企业活力不足的主要症结在于不能形成有效的激励机制来激发生产者和管理者的积极性，从而致使单个劳动者劳动效率和工作努力程度普遍不高，甚至导致企业优秀人才跳槽，人才流失严重，降低了企业的核心竞争力。而具有竞争优势的企业，其成功的一个必要条件就是具有合理完善的人才激励机制。

激励手段的灵活多样是企业适应时代和环境的要求，是现代企业的战略性资源，也是企业发展的最关键的因素，激励理论就是从把握个体（员工）、群体（单位）的心理状态和行为特点入手，运用各种激励（即"正刺激"）、约束（即"负刺激"）来激发、挖掘群体中每个成员的能动性和创造性，设法获得最佳的工作绩效，以达到组织目标为最终目的的。因此，企业实行激励机制的最根本的目的是正确地诱导员工的工作动机，使他们在实现组织目标的同时实现自身的需要，增加满意度，从而使他们的积极性和创造性继续保持和发扬下去。这对于企业管理者预测、控制员工的行为，充分发挥和调动员工的积极性、主动性和创造性，实现最佳的经济效益和社会效益，具有十分重要的意义。

下面以销售行业为例，列举几种激励的主要方法：

1. 薪酬激励。要激励销售战线的员工，必须通过合理的薪酬来激发他们工作的积极性。尽管薪酬不是激励员工的唯一手段，也不是最好的方法，但却是一个非常重要、最易被运用的方法，因为追求生活的需要是人的本能。

2. 目标激励。对于销售人员来讲，由于工作地域的分散性，进行直接管理难度很大，组织可以将对其分解的指标作为目标，进而授权，充分发挥其主观能动性和创造性，达到激励的目的。

3. 精神激励。销售人员常年在外奔波，压力很大，通过精神激励，可以使压力得到释放，有利于取得更好的业绩。比如在企业的销售人员中开展营销状元的竞赛评比活动，精神激励，目的就是给"发动机"不断加油，使其加速转动。

4. 情感激励。利益支配的行动是理性的。理性只能使人产生行动，而情感则能使人拼命工作。对于销售人员的情感激励就是关注他们的感情需要、关心他们的家庭、关心他们的感受，把对销售人员的情感直接与他们的生理和心理有机地联系起来，使其情绪始终保持在稳定的愉悦中，促进销售成效的高水准。

5. 民主激励。实行民主化管理，让销售人员参与营销目标、顾客策略、竞争方式、销售价格等政策的制定；经常向他们传递工厂的生产信息、原材料供求与价格信息、新产品开发信息等；公司高层定期走下去，敞开来聆听一线销售人员的意见与建议，感受市场脉搏；向销售人员介绍公司发展战略，这都是民主激励的方法。

## 绩效考核中的微妙博弈

在职场中，绩效考核历来是人力资源工作的一项重要组成部分，受到人力资源工作者的重视。通常人力资源工作者希望员工及用人部门能够提供客观公正的原始资料，但在实际工作中，由于绩效考核运作模式直接影响到员工的个人收入，因此有的员工倾向于有意高估自己的工作绩效，以追求个人利益最大化。用人方主管人员为了避免挫伤员工积极性，尽可能采取在本部门内部解决问题的方式，有时在客观上却纵容了员工的行为。由于人力资源部门所收到的原始资料缺乏应有的价值，因而在考核管理中，人力资源部门应有的权力制衡作用受到削减，对企业及员工个人发展产生不利影响。

为了避免员工有意高估问题的产生，许多企业采取单纯的上对下评估方式，但这种做法一方面使员工完全失去了考核权力，往往降低工作积极性及员工满意度，进而影响到企业的长期发展；另一方面，由于主管的权力过大，加上部门主管不可能都具有较高的人力资源管理水平，尤其在部门主管管理水平偏低的情况下，有可能限制了一部分员工的发展，从而增加了公司员工，特别是重要员工的流失率。

在一个团队中，根据同样的原理，有的人能力突出而且工作积极努力，相反，有的人工作消极不曾尽心尽力，或者因能力差即使尽力了也未能把工作效率提高，团队业务处于瘫痪状态，受害的不仅是单个团队，而且会伤及整个公司的总体利益。

那么，如何使用好绩效考核这把钥匙，恰当地避免考核误区，既能做到按绩效分配，又能做到奖罚分明呢？

"囚徒困境"也可以用来分析考核与被考核的关系。在这个博弈中，两个博弈方对对方的可能决策收益完全知晓并各自独立做出策略选择。每个博弈方选择自己的策略时，虽然无法知道另一方的实际选择，但他却不能忽视另一方的选择对自己决策收益的影响，因此他会根据对方两种可能的选择分别考虑自己的最佳策略。

博弈双方在决策时都以自己最大利益为目标，结果是无法实现最大利益或较大利益，甚至导致对各方都最不利的结局。可以看出，由于一方的决策结果都将受到另一方选择的影响，所以在"囚徒困境"中不存在占优策略均衡，即该博弈的具有稳定性的结局是两博弈方共同选择坦白策略。

绩效考核，实际是对员工考核时期内工作内容及绩效的衡量与测度，即博弈方为参与考核的决策方；博弈对象为员工的工作绩效；博弈方收益为考核结果的实施效果，如薪酬调整、培训调整等。

由于考核与被考核方都希望自己的决策收益最大化，因此双方最终选择合作决策。对于每个公司来说，这将有利于员工、主管及公司的发展。

但是从长期角度看，只能是双方中有一方离职后博弈才结束，因此理论上考核为有限次重复博弈。实际工作中，由于考核次数较多，员工平均从业时间较长，而且离职的不可完全预知，因此可将考核近似看作无限次重复博弈。

随着考核博弈的不断重复及在一起工作时间的加长，主管与员工双方都有一定程度的了解。在实际工作中，由于主管在考核结果中通常占有较高的比重，所以主管个人倾向往往对考核结果有较强的影响力。而且考核为无限次重复博弈，因此员工为了追求效用最大化有可能根据主管的个性倾向调整自己的对策。因此，从长期角度分析，要求人力资源部做出相应判断与调整，如采用强制分布法、个人倾向测试等加以修正。

总而言之，在公司内部形成合理的工作及权力分配，一方面可以通过降低主管的绩效考核压力，使部门主管有更多精力投入到部门日常管理及专业发展；一方面通过员工能对自己的工作绩效考核拥有一定的权力，协调劳资关系，从而激发员工的工作积极性，因此将在极大程度上推动公司人力资源管理状况。

考核与被考核存在着一种博弈关系，无论对于哪一方来说，建立一个合理的考核制度是非常重要的，这都有利于双方达到利益最大化。

## 激励背后是信用博弈

在批评人时，我们常常听到的一句经典的话是"对事不对人"，借以说明保持批评的客观态度。那么在奖励人时又当如何呢？如果从资本的本性出发来看，那么它也必然是"对事不对人"的，但是管理者要和具体的人打交道，尤其是在激励中出现职员对策时需要具体问题具体对待，必须处理好"对人"的个案，"各个击破"。因此在奖励时既要对事也要对人，将两者有机地结合起来。

在实践中确实存在着"叶公好龙"式的经营管理者,声称要奖励职员的积极性,而一旦职员的积极性极大地调动起来时,自己却乱了手脚,有时还会产生"功高盖主"的恐惧。但这只是问题的一个方面,问题的另一个方面是"叶公"确实"好龙",可是"龙种"与"跳蚤"都跳了出来,活灵活现地出现在奖励的殿堂里,于是便演绎出一幕幕企业监管的悲喜剧,使得管理者不得不认真对待其间的是是非非。美国安然公司的财务丑闻就说明了这一点。

允许企业高管持股并授以股权,作为一种制度安排并不是针对某一"千里马"而授予的特权,安然公司也不例外。但是安然公司的高管们正是利用这种制度安排,聘请财务公司做假账,制造泡沫业绩,抬高股价,然后迅速抛出所持股票,发了一笔大财,而公司的资金链条却因此出现裂痕,导致破产。从激励的角度汲取教训,就需要认真研究安然公司高管们在股权激励中作假的个案,在聘用或考核企业高管时,就应当认真考量其个人的诚信度;而加强对企业高管诚信度的考核,不是跟某一个高管过不去,考核的严格而是对每一个人一视同仁的。这就是"对事"与"对人"两个方面的相互过渡,作为管理者对职员的奖励也是一样。管理者实施奖励时当然不愿意把事情弄得这么复杂,但现实却要求管理者必须这么做。正如美国管理专家米契尔·拉伯福所说的那样:"我们宣布讲究实绩,注重实效,却往往奖励了那些会做表面文章,投机取巧的人。"为了减少这种现象,管理者在实施奖励时，必须警惕职员以人谋事，或者以事盖人的对策。

所谓职员以人谋事或者以事盖人的对策，是指当管理者奖励绩效时，职员就拼凑绩效，或者没有达到绩效时就以自己有特殊情况需要照顾为由要求享受奖励待遇；而当管理者针对某种人群的特殊性实施奖励时，职员就努力挤进这种人群，挤不进去时就以大家都在辛苦地做事，也取得了一定成绩为由要求得到"公平"的奖励。面对这两种倾向，管理者都要保持清醒的头脑，将奖励的对人与对事有机地结合起来。这样做也是由奖励的规律决定的，既重视奖励的系统性又要保持奖励的针对性。

在奖励中将对事与对人有机结合起来，在逻辑上并非不可能，其出发点是相信每个人都可以进行奖励。应当承认，一般工薪阶层是为自己而工作的，这固然增加了奖励的难度，但恰好也说明了不同类型的职员的一个重要共性：为了自己必须工作。那么，管理者只要让职员明白为企业做事就是为自己做事，每个职员都有可能得到奖励。管理者要让职员看到，他们为企业付出努力，同时得到回馈，是一个"双赢"的结果。除了基本物质的回馈外，回馈可以是认同、成就感，也可以是收入的提高，这些都可以看作是奖励的一部分。当然，仅仅让员工了解企业的诚意并不够，还要让员工找到说服自己为企业效命的理由，这样每个人身上都存在的激励因子才有可能被激活。

在奖励中将对事与对人有机结合起来，并不是说不讲人与事的区别，奖励为企业的目标服务首先要保证企业的事业有所成就，在确定了对事的原则后，在适用具体人时要有所区别。在现代企业中，企业激励的对象可以具体划分为权益层、经营层和操作层，对不同的层次实施不同的奖励。不同层次的奖励根据不同的分工和环节还可以进一步细化，对于操作层面的员工，可以具体到为每个员工设定恰当的目标，直至考虑到为员工安排的职务与其性格相匹配。员工的个性各不相同，他们从事的工作也应当有所区别。与员工个人相匹配的工作能让员工感到满意、舒适，这本身对他们就是一种激励。如果让一个喜欢冒险的人从事一成不变的审计工作，而让一个风险规避者去炒股票，他们可能都会对自己的工作感到不满，工作绩效自然不会好，或许管理者越激励，他们越烦躁。在符合每个职工性格特质的情况下，为员工设定一个明确的工作目标，通常会使员工创造出更高的绩效。目标会使员工产生压力，从而激励他们更加努力地工作。这样实际上也是为了防止实施奖励时职工强调自己的现实差别，对管理者提出这样那样的要求，便于对个案的处理。

明确了对每个人的个别激励方案后，还要回到注意掌握处事公正的原则上。美国的一个心理学家分析，员工的工作动力来源于两个方面：第一是自己的付出和收入成正比，这个是最基本的，对于员工的影响是初级的；第二就是相对平衡报酬的影响，他会比较周围同事或者社会中可比较人员的综合付出和收入。如果领导者有一些偏心，那么他也会感到不够公平公正，而这会使管理者前期的激励措施功效消失殆尽。管理者通过奖励下属创造一个公正公平的环境预期是非常重要的，可以由此让他们有一种安全感，感到跟着这样的领导自己不会吃亏，这样才不会费尽心机在激励中与管理者博弈。即使他们提出一些问题，管理者有的放矢，也能圆满化解可能出现的矛盾，保持竞争和按劳分配的合理性。

管理者很难做到的是百分之百对事不对人，一定要（只能）既对事又对人。

## 老板用人不妨"分槽喂马"

"一山不容二虎，一槽难喂二马"，当一个企业同时有两个人胜任同一部门或同一项目的领导工作时，为了避免他们互相排挤、彼此内耗，老板该考虑"分槽喂马"了。

领导的核心任务是选贤任能，从而也不可避免地面临一个巨大的挑战，那就是如何才能让人才满意，把人才留住。

话说有个老先生养了两匹千里马，准备合适的时候出手卖个好价钱。养马必须要勤快，要每晚起来给马喂草添料。尽管老先生很勤快，很努力，但是他发现，辛辛苦苦，几个月下来，两匹马没有长膘反而掉膘了。原因何在呢？有问题找专家，于是他把"马博士"请来了。"马博士"来了一看，告诉老先生，马不好好吃东西，关键就是因为把两匹千里马养在一个马厩里，让它们在一个槽里吃东西。每次吃东西的时候，两匹马又踢又挤，你争我抢，根本不能安心吃草料。解决方案就是把马分开，为两匹千里马准备两个食槽，让它们分开吃。一试果然有效，两匹马很快就变得膘肥体壮。这就叫作"分槽喂马"。

分槽的精髓就是"不能安排两个能人一起去做同一件事情"。两个实力相当的人才就好比两匹千里马，在一起的时候即使不互相争抢，也难免互相妒忌、互相攀比，难以专心做自己该做的事情，因此还不如分开。比如《水浒传》中，宋江和卢俊义每次出兵的时候都是一个人领一支队伍各自独当一面，这就是典型的分槽策略。

"分槽"的核心是"分而管之"。法国著名企业家皮尔·卡丹曾经说过："用人上一加一不等于二，搞不好会等于零。如果在用人中组合失当，常常会失去整体优势；安排得宜，才成最佳配置。"所以，在一个药店，一般不适合让两个表现卓越且具有相同技能的店员在同一个岗位上工作，这样非但不会使得他们的力量实现叠加，相反会增加互相倾轧和拆台的风险。

联想集团的"分拆"曾被业界视为"分槽管理"的典范。联想分拆，二少帅分掌事业空间。2001年3月，联想集团宣布"联想电脑""神州数码"战略分拆进入到资本分拆的最后阶段，同年6月，神州数码在香港上市。

分拆之后，联想电脑由杨元庆接过帅旗，掌管自有品牌，主攻PC、硬件生产销售；神州数码则由郭为领军，另创品牌，主营系统集成、代理产品分销、网络产品制造。

至此，联想接班人问题以喜剧方式尘埃落定，深孚众望的"双少帅"一个握有联想现在，一个开往联想未来。曾经长期困扰中国企业的接班人问题，在联想老帅柳传志的"世事洞明"的能力下，顺利解决。

柳传志"分槽喂马"对其他企业的意义在于人才最好从系统内培养；培养一批而不是单个接班人，让他们在相同的游戏规则下跑出高下；如果有幸得到难分轩轾的赛马结果，千万珍惜这种幸福，不要轻易把"宝马"送人，尤其是送给敌人；把跑道划开，一定要清晰、明白、严谨地划开；假如一方受扼，另一方可以立即出手相助。

这个案例给管理者的启示是：在培养人才的时候，一定要考虑人才的特长。培养接班人必须遵照能力优先的原则，同时，为了使人才之间不产生"合槽争食"的现象，应该对其进行"分槽管理"，如将能力和特长接近的人才分别派到不同的门店任职，而不是在同一门店以"正手"和"副手"的形式出现。

分槽喂马的关键是摆正人才的位置。古人说："千里马常有，而伯乐不常有。"现代企业也是这样，各种各样的专业人才并不少见，但要想在工作中准确找到他们的位置，不仅取决于人才自己，更取决于掌控"千里马"工作岗位的"伯乐"，即老板。所以，要想让人才发挥自己的特长和作用，首先必须给他们找到适合自己的位置。

曾担任美国罗斯福总统首席顾问的成功学大师拿破仑·希尔

说:"天才,是放对地方的人才。"所谓"筷子夹菜勺喝汤",这虽然是最简单不过的生活常识,但是放在管理学中同样适用。如果你反其道而行,硬要用筷子喝汤、用勺子夹菜,并不是不能,而是会大大降低就餐工具的使用效率,你最终是无法吃饱的。

摆正人才的位置,首先是要了解人才的特长。在一个高效的团队里,术业有专攻的人有哪些?这一点管理者必须心中有数。只有掌握了每个人的特长,才能给他们找到适合的岗位。其次是要给人才搭建平台。但凡胸有大志的人才,他们更看重企业的发展前景和企业所能提供的展示平台。因此,管理者能不能为人才搭建一个可以施展才华、实现抱负的平台,直接决定着人才的去留问题。

## 把握好奖惩与许诺的"度"

奖惩需要把握好"度",奖惩小了,起不到作用;奖惩大了,不能令人信服,需要兑现时一旦兑不了现更是会让自己的信誉大大降低。许诺跟奖惩一样,要把握好"度",既不要大到无法实现,也不要太小,以至根本不能让人满意。

宋仁宗时,宰相富弼采用朝士李仲昌的计策,从澶州商湖河开凿六漯渠,将水引入横贯陇西的故道,北京(大名府)留守贾昌朝素来讨厌富弼,私下与内侍武继隆勾结,买通司天官提出抗议就说不应当在京城的北方开凿渠道,这样会使皇上龙体欠安。两个司天官听从武继隆的主意向皇上上书,请皇后与皇上一起出来审议开渠一事。

他们的奏章被呈送给宰相文彦博，文彦博看后藏在怀中，招来两个司天官说："日月星辰、风云气色的变异，才是你们可以说的事，因为这是你们的职责。为什么胡言乱语干预国家大事？你们所犯的罪应当灭族。"两个司天官吓坏了。文彦博又说："你们两个真是愚昧之极，你们先下去吧，如果再犯，一定要从重处置你们。"两个人走后，文彦博把他们的奏章拿给同僚们看。富弼等人说："他们胆敢如此胡作非为，为什么不斩了他们？"文彦博说："斩了他们，事情就公开化了，宫中会闹得不安宁。"

过了不久，朝廷决定派遣司天官测定六漯渠的方位，文彦博还是派那两个人去。这二人怕治他们的前罪，就改称六漯渠在京城东北，而不在正北。在博弈中，假如你打算通过奖惩或许诺影响对方的行动，那么对方的行动也应该可以让你看到。否则你不可能知道对方是不是选择顺从，而对方也明白这一点。

在你做出一个许诺的时候，不应让自己的许诺超过必要的范围。假如这个许诺成功地影响了对方的行为，就要准备实践自己的诺言。因此，代价越小越好，意味着许诺只要达到必要的最低限度就行了。

适度原则其实同样适用于奖惩，不要让自己的奖惩超过必要的范围。一个大小恰当的奖惩应该是大到足以奏效而又小到足以令人信服。如果奖惩大而不当，对方难以置信，而自己又不能说到做到，那就会打击自己确立的信誉。

我们来看一看法国著名女高音歌唱家玛·迪梅普莱是如何对付那些私闯园林的旅行者的。这位女高音歌唱家有一个很大的私人园林。每逢周末总是会有人到她的园林里采花、拾蘑菇，更有甚者还在那里搭起了帐篷露营野餐。虽然管理员多次在园林四周围上篱笆，还竖起了"私人园林，禁止入内"的木牌，可所有这些努力都无济于事。

迪梅普莱知道了这种情况后，就吩咐管理员制作了很多醒目的大牌子，上面写着"如果有人在园林中被毒蛇咬伤，最近的医院在距此15千米处"的字样，并把它们立在园林四周。从那以后，再也没有人私自闯入她的园林了。

从这个故事我们也可以理解，奖惩的首要选择是能奏效的最小而又最恰当的那一种，不能使其过大而失去可信度，而务必要使惩罚与过错相适应。